Scriptor Praxis

LIANE PARADIES
FRANZ WESTER
JOHANNES GREVING

Leistungsmessung und -bewertung

Cornelsen

Die Autoren
Liane Paradies war Gymnasiallehrerin für Mathematik und Geschichte.
Sie war Trainerin und Moderatorin in der Lehreraus- und -fortbildung und an der Universität Oldenburg tätig. Sie arbeitet als Autorin zahlreicher Veröffentlichungen unter anderem zum Thema Unterrichtsmethoden.
Franz Wester hat Schulen als Schulentwicklungsberater beraten und begleitet mit dem Fokus auf die Entwicklung des Lehrens und Lernens. Bis Februar 2015 war er Leiter des Referats „Schulentwicklung" im Landesinstitut für Schule Bremen. Seine beruflichen Erfahrungen sind in verschiedenen Veröffentlichungen verarbeitet.
Johannes Greving war Lehrer für Deutsch und Politik an einem Gymnasium.
Außerdem war er an der Universität Oldenburg tätig und ist Autor zahlreicher Fachbücher.

Bitte vergrößern Sie die Kopiervorlagen mit 141%. Sie erhalten dann eine DIN-A4-Seite.

Projektleitung: Gabriele Teubner-Nicolai/Dorothee Weylandt, Berlin
Redaktion: Daniela Brunner, Korschenbroich
Umschlaggestaltung: LemmeDESIGN, Berlin
Umschlagfoto: stock.adobe.com/Drobot Dean
Layout: LemmeDESIGN, Berlin
Technische Umsetzung: Reemers Publishing Services GmbH, Krefeld

www.cornelsen.de

8., überarbeitete Neuauflage 2023

Druck: AZ Druck und Datentechnik GmbH, Kempten

ISBN 978-3-589-16922-1

Inhaltsverzeichnis

Vorwort 4

1 Lernkultur – Leistungsbewertung: Das muss zusammenpassen! . . . 5
1.1 Leitfragen zur Entwicklung der Leistungsbewertung 5
1.2 Bedingungen für eine gelingende Leistungsbewertung 11
1.3 Auf dem Weg zu einem neuen Konzept in der Leistungsbewertung 12
1.4 Leistungsbewertung in der inklusiven Schule 15
1.5 Leistungsbewertung in digitalen Lernumgebungen 23

2 Chancen und Grenzen der Leistungsbeurteilung 32
2.1 Beschreibung des Ist-Zustands 32
2.2 Dimensionen des Leistungsbegriffs 38
2.3 Bezugsnormen der Leistungsbeurteilung 44
2.4 Fehlerquellen bei der Bewertung 46
2.5 Erweiterung des Lern- und Leistungsbegriffs 48
2.6 Neue Kriterien für Beurteilungen 52
2.7 Beobachten als Bewertungsgrundlage von Lernkompetenzen 55

3 Transparenz und Gerechtigkeit 61
3.1 Klassenarbeiten und Klausuren 64
3.2 Offene, kreative und produktionsbezogene Aufgaben 70
3.3 „Sonstige" Leistungen 71
3.4 Haushefte und Mappen 83
3.5 Produktionsorientierte Leistungen 83
3.6 Darstellerische Leistungen 85

4 Stationen auf dem Weg zu einer lernförderlichen Leistungsbewertung 87
4.1 Individuelle Leistungen erfassen und rückmelden 88
4.2 Individuelle Kompetenzen erkennen und bewerten 92
4.3 Selbst- und Fremdbewertung integrieren 106
4.4 Teamarbeit und Arbeitsprozesse bewerten 116
4.5 Lernförderliche Formen der Leistungsrückmeldung 124
4.6 Digitale Werkzeuge in Lernumgebung und Leistungsbewertung, ein Bericht aus der Praxis 126
4.7 Kopiervorlagen für den beruflichen Alltag 132

Verzeichnis der Kopiervorlagen 150
Verzeichnis der Beispiele und Übersichten 151
Literatur 152
Register 155

Vorwort

Der frühere Bundeskanzler Helmut Kohl hat mit seinem wohl bekanntesten Ausspruch „Entscheidend ist, was hinten rauskommt!“ vor rund einem Vierteljahrhundert den Hebel für die heute an allen deutschen Schulen zentral wichtige „Output-Orientierung“ umgelegt, denn was bedeutet Orientierung am Output anderes als das, was Kohl deutlich treffender, wenn auch leicht unappetitlich formuliert hat?

Hinzu kommt die mittlerweile in ganz Deutschland praktizierte Orientierung an den Kompetenzen der Schülerinnen und Schüler, die inzwischen aber von vielen Pädagogen kritisch gesehen wird. Im Juli 2017 z. B. tagte die „Kompetent in Kompetenz? 1. Frankfurter (In-)Kompetenzkonferenz“, auf der sich eine Reihe von Wissenschaftlern und Bildungspolitikern durchaus kritisch zum Kompetenzbegriff äußerten.

Was hat das alles mit einem Buch zur Leistungsüberprüfung zu tun?

Wenn Kompetenzen auf den Output von (fachlichem) Können reduziert werden, geht der unbestreitbare Fortschritt, den der Kompetenzbegriff für eine moderne, differenzierte und individualisierte Leistungsbewertung bringt, verloren. Das Lernen und damit auch der Nachweis von Leistungen ist ein sehr komplexer Prozess mit vielen Dimensionen, die wir in den Kapiteln 2. 5. bis 2. 7. noch genauer erläutern werden.

Es lohnt ein Blick in die Vergangenheit: Der Altmeister der bildungstheoretischen Didaktik, Wolfgang Klafki, hat vor 60 (!) Jahren, nämlich 1958, schon in dem Aufsatz „Didaktische Analyse als Kern der Unterrichtsvorbereitung“ ein Lernmodell entwickelt, das der gesamten Schülerpersönlichkeit gerecht wurde und die Leistung der einzelnen Schülerinnen und Schüler nicht auf Fachwissen reduziert hat. Auch heute noch eine sehr empfehlenswerte Lektüre.

Leistungsmessung und -bewertung muss zu den neuen Unterrichtskonzepten passen. Das heißt, sie muss prozessorientiert sowie schülerbezogen sein und sich an einem vieldimensionalen Kompetenzbegriff orientieren. Wie das gelingt, zeigen wir in diesem Buch.

Liane Paradies, Franz Wester, Johannes Greving

Lernkultur – Leistungsbewertung: Das muss zusammenpassen!

1

1.1 Leitfragen zur Entwicklung der Leistungsbewertung

Die zunehmende Akzeptanz von Heterogenität als positive Ausgangsvoraussetzung für die Organisation von Lernprozessen hat zur methodischen Öffnung des Unterrichts und Stärkung der Differenzierung geführt. Öffnung von Unterricht und Differenzierung sind nicht Selbstzweck, sondern dienen der Stärkung der individuellen Förderung in schulischen Lernarrangements. Sie eröffnen im guten Fall den Schülerinnen und Schülern mehr Möglichkeiten, die individuellen Potenziale zu entfalten und Verantwortung für das eigene Lernen zu übernehmen.

Die Kompetenzorientierung erfordert Anwendung von Wissen zur Lösung von realen Problemen, die Reflexion von Ergebnis und Prozess und die Kommunikation darüber. Dem entsprechend kann sich die Erfassung und Bewertung der Leistungen nicht mehr nur auf die Reproduktion von Wissen beschränken.

Individuelle Förderung und Kompetenzorientierung prägen die Kultur des Lehrens und Lernens im modernen Unterricht. Für die Leistungsbewertung hat dies zur Konsequenz, dass nicht mehr allein der in Noten ausgedrückte Leistungsstand im Kontext einer Lerngruppe von Interesse ist, sondern vor allem die individuelle Lern- und Leistungsentwicklung.

T. Bohl fasst die Merkmale zusammen, die ein pädagogisches Verständnis der Leistungsbewertung ausmachen, das auf die individuelle Förderung der Kompetenzen aller Schülerinnen und Schüler ausgerichtet ist (vgl. Bohl 2010):

- Die Leistungsbewertung ist produkt- und prozessbezogen.
- Die Leistungsbewertung schließt individuelle Lernentwicklungen und Lernen in der Gruppe ein.
- Die Leistungsbewertung fördert die individuelle Eigenverantwortung als eine Bedingung für erfolgreiches Lernen.
- Die Leistungsbewertung trägt dazu bei, dass die Schülerin/der Schüler lernt, den eigenen Lernprozess und die eigenen Leistungen sowie die der Lerngruppe zu reflektieren und einzuschätzen.

Lernen ist immer eine individuelle Leistung

Wie kann man die Lernentwicklung jeder und jedes einzelnen Lernenden optimieren

Vom Lernprozess her gedacht ist die Frage zentral, wie die Lernentwicklung angesichts der individuellen Lernvoraussetzungen (Individualnorm) zu bewerten und zu optimieren ist. Fachliche Anforderungen (Sachnorm, Standards) bilden den Orientierungsrahmen zur Verortung, der Leistungsstand der Lerngruppe (Sozialnorm) kann für die realistische Einschätzung eine wichtige Hilfe bieten.

Für die Übergänge, Abschlüsse oder Zertifikate ist zentral, wie der individuelle Leistungsnachweis angesichts der fachlichen Anforderungen (Sachnorm) zu bewerten ist. Die Einordnung der Leistung in die Ergebnisse der Lerngruppe (Sozialnorm) kann dazu ein wichtiger Kontrollmaßstab sein. Die hinter dem Leistungsnachweis liegende Lernleistung (Individualnorm) kann eine hohe Bedeutung für die Selbstwahrnehmung bzw. für das Selbstbild bekommen.

Leistungsbewertung und Diagnostik stehen in engem Zusammenhang

Die unterschiedlichen Perspektiven führen zu unterschiedlichen Schwerpunkten in der Kriterienauswahl, mit Konsequenzen für die Erfassung der Kompetenzen bzw. Messung der Leistungen und die Instrumente in der Rückmeldung. Unter dem Gesichtspunkt der Förderung rücken Leistungsbewertung und Diagnostik in einen engen Zusammenhang, wie auch WINTER herausstellt:

> *Dort, wo die Leistungsbeurteilung im Sinne des Weiterlernens genutzt wird, ist eine Lernplanung angeschlossen, bei der es darum geht zu bestimmen, wie der festgestellte Lernstand und die diagnostischen Kompetenzen bei der Gestaltung des nachfolgenden Unterrichts und auch für die individuellen Lernaktivitäten berücksichtigt werden können.* (WINTER 2011, 197–216)

WINTER integriert die Leistungsbewertung in einen „Zyklus des Unterrichtens" (ebd.):

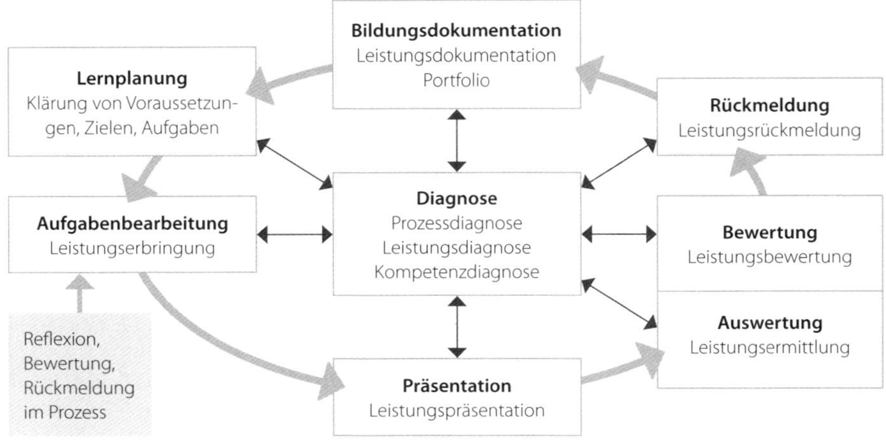

Die Anforderungen an die diagnostischen Maßnahmen im Unterrichtsalltag sollten allerdings realistisch bleiben. Spezifische Diagnosen z. B. bei Teilleistungsstörungen oder die Testqualität bei Large-Scale-Studien können nicht der Maßstab sein. WEINERT stellt heraus, dass nur eine Verlaufsdiagnostik hilfreich sein kann:

Lehrerdiagnosen müssen sich nicht durch neutrale Objektivität, sondern durch pädagogisch günstige Voreingenommenheiten auszeichnen. [...] Lehrerdiagnosen während des Unterrichts sollten sensitiv gegenüber Verhaltens-, Wissens- und Motivationsänderungen der Schüler und darauf einwirkender unterrichtlicher Maßnahmen sein. [...] Von pädagogischer Bedeutsamkeit ist also weniger die Zustands- als die Verlaufsdiagnostik.

(WEINERT 2001, nach HELMKE 2009/2012, 128 f.)

ELSBETH STERN sieht keinen Nutzen einer Diagnostik, sie bezeichnet sie sogar als diskriminierend. Sie weist darauf hin, dass sich mithilfe der üblichen psychologischen und pädagogischen Diagnose-Instrumente nämlich keine genauen Hinweise für die Gestaltung von Lernumgebungen ableiten lassen:

Die in Psychologie und Pädagogik entwickelten Konstrukte zur Beschreibung interindividueller Unterschiede sowie die daraus entstandenen Diagnose-Instrumente bilden nur einen Teil der Unterschiede zwischen den Menschen ab. Aus diesem Grunde ist ihr Nutzen bei der Gestaltung von Lernumgebungen und bei der Zuordnung von Schülern zu diesen Lernumgebungen begrenzt. Personenbezogene Diagnosen, aus denen keine gezielten Handlungsempfehlungen abgeleitet werden können, sind nicht hilfreich, sondern diskriminierend. *(STERN 2004, 39)*

Daraus ergeben sich für uns folgende Entwicklungsfragen

- Wie kann mit einem vertretbaren Aufwand der individuelle Leistungszuwachs erfasst, dokumentiert und an Lernende und Eltern zurückgemeldet werden?
- Wie können die Rückmeldungen zu Leistungsnachweisen in lernförderliche, unterstützende Aktivitäten umgesetzt werden? Wie können in dem Kontext die „inneren Rückmeldungen“ der Schülerinnen und Schüler aufgenommen und konstruktiv genutzt werden?
- Wie können in den Leistungsnachweisen bzw. der Konstruktion von Aufgaben für diese die Unterschiede im Lerntempo und in den Leistungsniveaus Berücksichtigung finden?

Leistungsbewertung aktiv mitgestalten, eine neue Aufgabe für die Lernenden

Aus der Weiterentwicklung des Umgangs mit Heterogenität hat sich in einigen Schulen der Anspruch der Individualisierung in Praxis umsetzen lassen.

Die Lernenden gestalten ihren Lernprozess entsprechend ihres Vorwissens, ihrer Interessen, ihrer Leistungsfähigkeit und ihrer Lernstrategien selbst und übernehmen Verantwortung für ihr Lernen. Innerhalb eines Referenzrahmens (z. B. in Form eines Kompetenzrasters, eines Themenplans etc.) erlangen sie ein Bewusstsein über ihren aktuellen Leistungsstand und können sich erreichbare Ziele setzen. Dabei werden sie von den Lehrenden in ihrem Lernprozess durch Lernstandsgespräche, individuelle Leistungsrückmeldungen oder Lernvereinbarungen begleitet und unterstützt. Die Verantwortung für ihr Lernen wird den Schülerinnen und Schülern selbst zugetraut und zugemutet. Sie entscheiden, ob und – in Grenzen – was sie lernen wollen, und können auch die Folgen ihrer Entscheidung zunehmend einschätzen. Ihren Lernweg und den aktuellen Lernstand dokumentieren sie z. B. in einem Logbuch oder einem Portfolio (vgl. Paradies/Wester/Greving 2010, 12).

Integration von Selbst- und Fremdbewertung beim Lernen

Individualisierung bedeutet im Kern, dass Schülerinnen und Schüler zunehmend in die Verantwortung für das Lernen einbezogen werden. In der Leistungsbewertung bildet sich dieser Anspruch vielfältig ab, z. B. durch die Integration von Selbst- und Fremdbewertung oder die Flexibilisierung der Termine für die Tests/Leistungsnachweise.

Daraus ergeben sich für uns folgende Entwicklungsfragen

- Wie lassen sich Selbst- und Fremdbewertung durch Lernende und Lehrpersonen im Lernarrangement miteinander verknüpfen?
- Welche Hilfen gibt es für die Schülerinnen und Schüler, zu einer differenzierten Sicht auf die eigenen Leistungen zu kommen?
- Wie lässt sich die Trennung von Monitoring (Fehlerfreundlichkeit, Fehler als Lernimpulse) und Leistungsnachweis und -bewertung (Fehlervermeidung, z. B. in Prüfungen) in der Praxis umsetzen?
- Wer hat welche Verantwortung für die Schritte in der Leistungsbewertung, z. B. für die Wahl des Zeitpunktes für den Leistungsnachweis?

Individuell lernen und kooperativ arbeiten – eine Herausforderung für die Leistungsbewertung

Schon die Öffnung des Unterrichts und die damit verbundene Erweiterung des Lernbegriffs haben sich besonders stark auf die Ausweitung kooperativer Lern- und Arbeitsformen ausgewirkt. Aber auch ein individualisierender Unterricht schließt kooperatives Arbeiten als zentrales Mittel zur Förderung individueller Lernprozesse ein.

Auch in diesen Arbeitsformen ist augenfällig, dass die Ergebnisse von Leistungen in unterschiedlichen Dimensionen beeinflusst werden.

In der Praxis müsste mitbedacht werden, dass die Verfahren zur Erfassung individueller Leistungen in Gruppenprozessen nicht zu dominierend werden. Sie könnten die Synergieeffekte von unterschiedlichen Kompetenzen in Gruppen gefährden, wenn es letztlich nur um den Nachweis von Einzelleistungen geht.

Entwicklungsfragen zur Bewertung von Gruppenleistungen

- Wie können Transparenz und Klarheit von Kriterien gesichert werden?
- Wie lassen sich die Gruppen angemessen an der Bewertung beteiligen?
- Wie können individuelle Leistungsunterschiede in der Bewertung von Gruppenarbeiten/Projekten berücksichtigt werden?

Kompetenzen erkennen und bewerten

Die Orientierung an Kompetenzen in den Bildungsplänen führt zu einer neuen Anforderung, sie angemessen zu erfassen und zu beschreiben. Angemessen heißt, die Komplexität von Kompetenzen einerseits und die Praktikabilität ihrer Erfassung und Beschreibung im schulischen Alltag andererseits auszubalancieren. Aber was sind Kompetenzen? WEINERT versteht darunter (2001, 27)

> *die bei Individuen verfügbaren oder von ihnen erlernbaren kognitiven Fähigkeiten und Fertigkeiten, bestimmte Probleme zu lösen sowie die damit verbundenen motivationalen, volitionalen und sozialen Bereitschaften und Fähigkeiten, die Problemlösungen in variablen Situationen erfolgreich und verantwortungsvoll zu nutzen. […] Die individuelle Ausprägung der Kompetenz wird von verschiedenen Facetten bestimmt: Fähigkeiten, Wissen, Verstehen, Können, Handeln, Erfahrung, Motivation.* (F. E. WEINERT 2001, 27)

Die sich hier deutlich abzeichnende Komplexität des Kompetenzbegriffs ist eine große Herausforderung für die Lehrkräfte. In vielen Fällen werden in der schulischen Leistungsüberprüfung nur Teilaspekte einer Kompetenz erfasst werden können. Aber es wird auch notwendig sein, Arrangements zu gestalten, in denen der Nachweis geführt werden kann, mit komplexen Anforderungen umzugehen, soll heißen, wenn zur Bewältigung sowohl kognitive als auch motivationale, volitionale und soziale Komponenten gehören. Projekte bieten z. B. eine bewährte Form, Kompetenzen zu entwickeln, zu beobachten und am Ende auch zu bewerten.

Kompetenzentwicklung geschieht in Lernarrangements, in denen vieles gelernt, aber nur wenig direkt gelehrt werden kann, so WEINERT. WINTER führt aus, dass die Ausbildung von Kompetenzen nicht direkt angesteuert, sondern nur durch geeignete Verfahren dokumentiert werden kann (vgl. WINTER 2008). Bewährte Instrumente, die qualitative Aussagen zur Kompetenzentwicklung begründen und von den Lernenden selbst gestaltet werden können, sind z. B.:

- Kriterien geleitete Beobachtung: Beobachtungsbögen,
- Selbst- und Fremdbewertung mithilfe von Checklisten und Kompetenzrastern/Lernlandkarten,
- Arbeits- und Lernjournal,
- Portfolio.

Daraus ergeben sich für uns folgende Entwicklungsfragen

- Wie lassen sich Kompetenzen in schulischen Arrangements erfassen, bewerten, dokumentieren und zurückmelden?
- Wie lassen sich die bisher bewährten Instrumente an die neuen Anforderungen anpassen? Kann z. B. die Idee der Kompetenzstufen in die Bewertung übertragen werden?
- Welche neuen Verfahren, z. B. an Assessments orientiert, und Instrumente sind im Kontext eines spezifischen Unterrichts- bzw. Lernkonzeptes hilfreich?
- Wie lässt sich die Qualität im Umgang mit den neuen Instrumenten garantieren?

Leistungsrückmeldung im Dialog

Die schulische Leistungsmessung reicht selten an die Testqualität von empirischen Untersuchungen heran. Daher sind Formen der Vermittlung und kommunikativer Validierung (vgl. BOHL 2010) besonders wichtig. Statt um Objektivität und Reliabilität geht es stärker um Intersubjektivität. Intersubjektivität ist gegeben, wenn eine Beurteilung von mehreren Personen (Lehrperson–Schülerin/Schüler; Lehrperson–Lehrperson) nachvollzogen und akzeptiert werden kann. Auch in dem Bereich sind Veränderungen zu registrieren. Lernvereinbarungen in der Folge der Leistungsbewertung in Tests oder Klassenarbeiten, Schülerin/Schüler-Eltern-Lehrperson-Gesprächen, Schülersprechtagen, Lernberatung in Lernentwicklungsgesprächen oder das Lerncoaching erfordern eine Erweiterung des Profils der Rolle von Lehrpersonen.

Gespräche verdampfen. Diese Erkenntnis macht es notwendig, nicht nur über die Gespräche und deren Verlauf nachzudenken, sondern auch Instrumente bereitzuhalten, die Ergebnisse der Gespräche so zu dokumentieren, dass Handlungsimpulse unmittelbar zu erwarten sind. Gesprächsführung, Zielvereinbarung und Lernvertrag gehören deshalb in der Lernberatung eng zusammen. Die Kompetenz der beratenden Lehrkräfte in der Gesprächsführung stellt sicher, dass realistische Ziele gefunden und vereinbart werden können, die in konkreten Handlungen ihren Ausdruck finden.

1.2 Bedingungen für eine gelingende Leistungsbewertung

Normen der Prüfungssysteme und die Leistungsbewertung müssen sich weiterentwickeln

Gleichzeitig mit den anspruchsvollen Lehr-/Lernarrangements, die der an Bildungsstandards und Kompetenzen orientierte Unterricht erfordert, müssen sich auch die Normen der Prüfungssysteme und die darauf aufbauende Leistungsbewertung qualitativ entwickeln. In der Praxis haben sich folgende Bedingungen als hilfreich herauskristallisiert, damit die Leistungsbewertung im modernen Unterricht gelingen kann:

- Leistungsbewertung und Leistungsrückmeldungen sind integrierter Bestandteil der Lernarrangements. Sie sind nicht unabhängig von der Entwicklung des Lehrens und Lernens zu verändern.
- Lernprozesse und Lernergebnisse müssen in der Bewertung aufeinander bezogen werden.
- Methodische Arrangements und Instrumente der Bewertung sind auf kommunikative Validierung ausgerichtet, sie erlauben den direkten Blick auf die Leistung.
- Von den Lehrpersonen wird die Entscheidung über methodische Arrangements und Instrumente an den spezifischen Zielen orientiert, die in der Situation verfolgt werden. Dazu ist ein gemeinsames Verständnis der Nutzung des Kompetenzbegriffes Voraussetzung.
- Inwieweit neue Beurteilungs- und Rückmeldeformen wirksam sind, ist abhängig von der Akzeptanz durch die Schülerinnen und Schüler. Diese wiederum ist abhängig davon, ob der Unterricht, der einer Leistung zugrunde liegt, akzeptiert wird.

- Entscheidungen und Vereinbarungen über das zukünftige Lernen haben Einfluss darauf, wie über Leistungen kommuniziert wird und ob Rückmeldungen konstruktiv für Lernplanungen genutzt werden können.
- Von Schülerinnen und Schülern selbst vorgenommene Bewertungen (innere Rückmeldungen) fließen in die Kommunikation ein und werden mit den äußeren Rückmeldungen in Bezug gesetzt.

1.3 Auf dem Weg zu einem neuen Konzept in der Leistungsbewertung

Pragmatisch betrachtet geht es um die Frage, ob die vorhandenen Instrumente der Leistungserfassung und -bewertung in der Lage sind, den Stand der einzelnen Schülerleistung im Verhältnis zu den Leistungserwartungen in den Bildungsplänen zu beschreiben, die als Kompetenzziele formuliert sind. KELLER sieht die beiden Aufgaben, die Kompetenzziele in passenden Lernaufgaben mit einer entsprechenden Leistungsbewertung umzusetzen, bei den Lehrpersonen. Ihre Aufgabe ist es:

> *Erstens, relativ abstrakte Kompetenzvorgaben oder Niveaustufen in sinnvolle Lernaufgaben zu übersetzen, und zweitens, heterogene und individuell geprägte Lernerleistungen zu standardisierten Kompetenzbeschreibungen in Bezug zu setzen.* (KELLER 2011, 153)

Im Konkreten ergeben sich daraus eine Reihe von einzelnen Entwicklungsaufgaben (s. o.), die allerdings in der Praxis weitere offene Fragen aufwerfen. Als Erstes ist zu bedenken, dass der Begriff Kompetenz eine auf einer Theorie beruhende Konstruktion ist, die es in mehreren Ausprägungen gibt. Das macht es notwendig, sich im Kollegium über das Verständnis zu verständigen. In den allgemeinbildenden Schulen ist der Rückgriff auf die von F. E. WEINERT gelieferte Definition breit akzeptiert (siehe S. 9).

Die zweite Frage ist, ob die in der Definition angesprochenen Elemente einer Kompetenz auch tatsächlich im Unterricht erworben werden können. Das wäre zumindest die Voraussetzung für die Aufnahme in die Leistungsbewertung. Es wäre also zu betrachten, wie in der Schule die Anforderung tatsächlich umgesetzt wird, in welchen Arrangements Kompetenzen erworben werden, mit welchen thematischen Schwerpunkten das in den einzelnen Fächern geschieht.

Zu klären ist auch, in welchem Grad fachübergreifende Kompetenzen, also Lernkompetenzen, eine Bedeutung bekommen und ob diese mit der Leitvorstellung selbst gesteuerten Lernens verbunden werden. Instrumente, dies zu erfassen, sind in Ansätzen entwickelt, z. B im schweizerischen Institut Beatenberg mit den sogenannten Anschlusskompetenzen oder im Theresianum Ingenbohl, ebenfalls eine Schweizer Schule, mit dem Kompetenzraster „Arbeits- und Sozialkompetenz".

Als Drittes stellt sich die Frage, ob alle Elemente einer Kompetenz auch tatsächlich überprüft werden sollen und wenn ja, wie das realisiert werden kann. Insbesondere die motivationalen und volitionalen Elemente im Umgang mit Anforderungen sind durch Prüfungen wie etwa Klassenarbeiten in der herkömmlichen Art nicht zu erfassen.

Es geht also hier um eine in Teilen neue und sehr komplexe Anforderung. Nicht nur der Gegenstand der Leistungsbewertung ist umfassend, sondern auch das mit ihm verbundene Lernkonzept. Es fordert Prozessorientierung, Transparenz der Kriterien, Differenzierung der Niveaustufen und Schülerbeteiligung in der Messung und Bewertung. Wie also mit ihr umgehen, ohne unterzugehen?

Wie mit der umfassenden Aufgabe der Leistungsbewertung umgehen

Die *erste Erkenntnis* aus der Entwicklung der Schulen, die sich früh dieser Herausforderung gestellt haben und damit Erfahrungen vorweisen können, ist, dass diese Herausforderung nicht von einzelnen Lehrkräften „gestemmt" werden kann. Hier ist effektive Teamarbeit gefragt.

Die *zweite Erkenntnis* ist, dass in der Schule nicht alles gemessen werden kann und muss, was gelernt werden kann. Das heißt, dass sich spätestens in der Leistungsbewertung die Frage stellt, was für den angestrebten Bildungsabschluss und die individuellen Ziele der Schülerinnen und Schüler so bedeutsam ist, dass ein messbarer Nachweis von Leistungen erfolgen muss.

Die *dritte Erkenntnis* ist, dass die Leistungsbewertung stärker als integrativer Teil eines individualisierenden Lehr-Lern-Konzeptes gesehen werden kann. Attraktiv ist dabei vor allem, dass die Instrumente wie die Kompetenzraster oder Lernlandkarten Voraussetzungen bieten, die Überprüfung von kleinen Lernabschnitten z. B. durch Tests in einen Referenzrahmen einzuordnen und diese Übersicht als Medium der Steuerung des Lernens zu nutzen. In diesem Kontext ist es möglich, den Blick auf die Leistungen in den Mittelpunkt zu stellen und nicht von jeder Einzelleistung auf die dahinter vermuteten Kompetenzen schließen zu müssen. Teilkompetenzen, Wissen und die Fähigkeit zur Anwendung in neuen Kontexten können relativ präzise erfasst und der Grad der Zielerreichung bzw. die Einstufung in ein fachgebundenes Kompetenzraster festgelegt werden.

Die *vierte Erkenntnis* in den Schulen ist, dass die Schritte zur Prozessorientierung und Stärkung der Selbsteinschätzung in den Lernprozessen eine gute Voraussetzung bieten, weil sie in dem Bewertungskonzept eine zentrale Rolle spielen. Klar ist auch, dass die Bewertung und die Leistungsrückmeldung in einem engeren Zusammenhang gesehen werden müssen. Dazu gehört auch die mündliche Rückmeldung. Die Schulbehörde in Hamburg hat die Konsequenzen schon seit einiger Zeit umgesetzt und in einem Erlass regelmäßige Lernentwicklungsgespräche zwischen Lehrkräften, Eltern und Lernenden vorgeschrieben.

Fazit: Wenn die Leistungsbewertung stärker mit der Leitidee der Individualisierung des Lernens verbunden werden soll, ergibt sich eine komplexe Entwicklungsaufgabe, die in einem Block nicht zu bearbeiten ist. Es muss also genauer geschaut werden, wo die Voraussetzungen und die Entwicklungsziele so zueinander stehen, dass ein Beginn Erfolg versprechend ansetzen kann.

Leitfragen zur Diskussion um ein neues Konzept der Leistungsbewertung

- Welche der oben genannten Elemente sind auch jetzt schon im Schulalltag oder in einzelnen Entwicklungsprojekten registrierbar? Wie erfolgreich sind sie?
- In welchen praktikablen Formen können Kompetenzen bzw. ein Kompetenzzuwachs nachgewiesen werden?
- Wie kann die Idee der Kompetenz-/Niveau-/Anforderungsstufen in die Bewertung übertragen werden?
- Wie kann die Leistungsbewertung stärker mit der Leitidee der Individualisierung des Lernens verbunden werden? An welchen Punkten könnte ein Beginn Erfolg versprechend ansetzen?

1.4 Leistungsbewertung in der inklusiven Schule

Wo beginnt Inklusion?

Inklusion ist einerseits eine komplexe Idee, direkt auf die Wertebasis pädagogischen Handelns in der Schule bezogen und gleichzeitig von gesellschaftlicher Bedeutung, die in gesetzlichen Vorgaben und internationalen Konventionen zum Ausdruck kommt. Andererseits ist die Idee von Inklusion in vielen Schulen konkret und durch vielfältige Veränderungen greifbar, wie auch HINZ/BOBAN herausstellen:

> *Inklusion beginnt bei der Wahrnehmung von Unterschieden zwischen SchülerInnen. Ein inklusives Verständnis von Unterricht und Lernen baut auf diese Unterschiede und kann tiefgreifende Veränderungen dabei bewirken, was im Klassenraum, im Lehrerzimmer, auf dem Schulhof und in der Beziehung zu Eltern geschieht.* (HINZ/BOBAN 2003, 11)

Und sie ist klar, was die Anforderungen angeht:

> *Inklusive Pädagogik nimmt Kinder und Jugendliche als ganze Person wahr. Dies ist in Frage gestellt, wenn Inklusion nur auf einen Aspekt von SchülerInnen bezogen wird wie eine Beeinträchtigung oder Deutsch als Fremdsprache.* (ebenda)

SCHUMANN beschreibt das Besondere an der Idee der Inklusion, die sie von anderen Konzepten wie z. B. der Integration trennt, folgendermaßen:

> *Während die integrative Pädagogik die Eingliederung der „aussortierten" Kinder mit Behinderungen anstrebt, erhebt die inklusive Pädagogik den Anspruch, eine Antwort auf die komplette Vielfalt aller Kinder zu sein. Sie tritt ein für das Recht aller Schüler und Schülerinnen, unabhängig von ihren Fähigkeiten oder Beeinträchtigungen sowie von ihrer ethnischen, kulturellen oder sozialen Herkunft miteinander und voneinander in „einer Schule für alle" zu lernen. […] Im Gegensatz zur Integration will die Inklusion nicht die Kinder den Bedingungen der Schule anpassen, sondern die Rahmenbedingungen an den Bedürfnissen und Besonderheiten der Schülerinnen und Schüler ausrichten.* (SCHUMANN 07.04.2009)

Während also die Integration von behinderten und nicht-behinderten Menschen ausgeht, richtet sich der Blick der Inklusion auf die Differenzen zwischen den Menschen, auf Diversität allgemein, ohne diese zu bewerten. „Es ist normal, verschieden zu sein." So lautet verkürzt das Motto, das vielen Schulen auch als Leitvorstellung für den Prozess der Schulentwicklung dient.

Kritisch wird das in der pädagogischen Diskussion deutlich werdende Verständnis der Gleichrangigkeit von Differenzen u. a. durch Vertreter der Psychoanalyse gesehen. Sie befürchten, dass durch diese Sicht eine differenzierte Diagnostik von Lern- und Leistungsschwächen eher behindert wird und die Funktion der Allokation, der Zuweisung von Lebenschancen durch Abschlüsse, die die Schule im gesellschaftlichen Auftrag wahrnimmt, eine Bewertung von Stärken und Schwächen erzwingt (vgl. Katzenbach 2016, 17 ff.).

Spezifische Anforderungen an den Unterricht in inklusiven Lerngruppen

Arndt/Werning nehmen die Erfahrungen aus den integrativen Settings auf und fokussieren auf den Umgang mit Heterogenität:

> *Im Sinne der Anpassung des Unterrichts an die Schüler/innen und ihre individuellen Bedürfnisse und Lernvoraussetzung erscheint ein hohes Maß an Adaptivität und Individualisierung [...] für inklusive Lerngruppen unabdingbar.*
> *(Arndt/Werning 2015, 513)*

Sie filtern aus der Literatur und den Forschungen folgende spezifische Aspekte heraus:

- Curriculums- und systembezogene Diagnostik
- Kooperative Lernformen
- Individuelles bzw. häufiges und informationshaltiges Feedback
- Kommunikation der Unterrichtsziele und Erfolgskriterien
- Formatives Assessment
- Vermittlung und Anwendung von kognitiven Strategien
- Direkte Instruktion (vgl. ebenda)

Die genannten Merkmale finden sich allesamt auch in der Hattie-Studie an prominenter Stelle im Ranking effektvoller Merkmale. Hieraus können noch der Ansatz des „Response to Intervention" (RTI) als evidenzbasierte Herangehensweise, „Comprehensive interventions for learning disabled students" (umfassende Interventionen für Schülerinnen und Schüler mit besonderem Förderbedarf), „Reciprocal teaching" (Schüler/in als Lehrperson) und das damit eng verbundene Laute Denken („Self-verbalisation/self-questioning") als relevant für den inklusiven Unterricht ergänzt werden. Die Hattie-Studie liefert die Daten, die als Grundlage für eine mittlerweile unumstrittene Einschätzung gelten: Wie auch die folgende Tabelle zeigt, ist es die Qualität der Prozesse auf der Unterrichts- und Schulebene, die das Gelingen von Inklusion und Individualisierung bestimmt, nicht die äußere Form (HATTIE 2011, 253 f.):

Rang	Effekte	Effektstärke
102	Mainstreaming (Inklusive Beschulung)	0,24
109	Individualized instruction (Individualisierung)	0,22
120	Within-class grouping (Interne Differenzierung)	0,18
131	Ability grouping (Leistungshomogene Klassenbildung)	0,12
145	Open vs. traditional (Offene Lehr- und Lernformen)	0,01

A. PRENGEL fasst die mittlerweile recht umfassende Diskussion zusammen und formuliert sieben Thesen zu den Qualitätsanforderungen inklusiven Unterrichts, wohl wissend, dass diese keine Wirklichkeitsbeschreibungen sind:

Die sieben Thesen sind nicht gleichzusetzen mit Wirklichkeitsbeschreibungen, die schulisches Geschehen eins zu eins abbilden könnten. Denn alltägliche Ereignisse sind derart von gegensätzlichen, unvorhergesehenen und unvollkommenen Entwicklungen geprägt, dass die Thesen als orientierende Maximen angesehen werden müssen, die zugleich auch immer wieder im Widerspruch zum konkreten Schulleben stehen können. Die Maßstäbe setzenden Kriterien sind gleichwohl unverzichtbar. (PRENGEL 2013, 177 f.)

1. **Inklusiver Unterricht beruht auf einer Halt gebenden und responsiven Lehrperson-Lernenden-Beziehung.**
   Inklusive Schulen haben Konzepte entwickelt, in deren Zentrum eine Halt gebende Beziehung zu einer professionellen erwachsenen Person steht, um zu ermöglichen, dass alle an der Schule gehalten werden und Mitglieder ihrer Schulgemeinde bleiben können.
   Wichtig ist, dass gute professionelle Relationen nicht etwa gleichzusetzen sind mit übertriebener Akzeptanz. Mit Verlässlichkeit auf der Beziehungsebene geht auch einher, dass Pädagogen hohe Erwartungen an Kinder und Jugendliche haben und ihnen bei Übergriffen Grenzen setzen.

2. **Im inklusiven Unterricht werden respektvolle Peer-Beziehungen gepflegt.**
   Die inklusive Schule verspricht ein bereicherndes Zusammensein der Kinder und Jugendlichen untereinander, das allerdings nicht von selbst zustande kommt, wenn sich verschiedene Lernende in einem Raum befinden.
   Es ist unerlässlicher Bestandteil inklusiven Unterrichts, dass alle in einer Klasse Lehrenden kontinuierlich eine Haltung der Selbstachtung und der Anerkennung der anderen fördern und in Klassenregeln und Ritualen vermitteln.
3. **Zum inklusiven Unterricht gehört eine differenzierende Didaktik, die individualisierungsfähige gestufte Standards und Offenheit für die Themen der Kinder und Jugendlichen kombiniert.**
   Individualisierungsfähige Standards für den inklusiven Unterricht beruhen auf domänenspezifischen Stufenmodellen, z. B. des Schriftspracherwerbs und des mathematischen Lernens.
   Stufenmodelle sind dazu geeignet, für eine zeitlich lernzieldifferente, dabei aber inhaltlich lernzielgleiche Didaktik eine Struktur anzubieten.
4. **Im inklusiven Unterricht werden didaktische Materialien angeboten, die Differenzierung ermöglichen.**
   Der Gestaltung der vorbereiteten Umgebung kommt besondere Bedeutung zu, weil die Gefahr besteht, dass vorwiegend Arbeitsblätter, die mechanisch abgearbeitet werden, zum Einsatz kommen.
5. **Im inklusiven Unterricht wird eine pädagogische Diagnostik praktiziert, die im Sinne des Assessments for Learning auch Selfassessment und Peerassessment einschließt.**
   Dabei sind Stufenmodelle für Lernprozesse hilfreich, weil sie dazu beitragen, die gegenwärtig erreichte Kompetenzstufe und die Zone der nächsten Entwicklung zu benennen.
6. **Im inklusiven Unterricht wird ein mehrperspektivischer Leistungsbegriff angewendet.**
   Die individuelle und die kriteriale Bezugsnorm ermöglichen eine Anerkennung der persönlichen Leistung eines jeden Einzelnen und seiner Leistungsentwicklung. Wenn auf einer solchen Basis Leistungsunterschiede im Sinne der sozial-vergleichenden Bezugsnorm thematisiert werden, erfahren Schülerinnen und Schüler in ihrer Schule, dass Leistungshierarchien nicht zu Entwertungen führen müssen.
7. **Im inklusiven Unterricht kooperieren multiprofessionelle Teams.**
   Die gemeinsame Verantwortung für die heterogene Lerngruppe bietet Entlastung (vgl. PRENGEL 2013, 178 ff.).

Didaktische Überlegungen zum Zusammenhang von Unterrichten und Beurteilen

Die allgemeinen Grundsätze guter Leistungsbewertung behalten auch im inklusiven Setting ihre Gültigkeit. Dennoch ist es eine neue Herausforderung, den spezifischen Bedürfnissen aller Schülerinnen und Schüler auch in der Leistungsmessung und -bewertung Rechnung zu tragen. Ansprüche auf sonderpädagogische Förderung und der Anspruch gerechter und für alle transparenter Verfahren macht es nötig, über bestimmte Aspekte vertieft nachzudenken und Lösungen zu entwickeln, wie auch REICH herausstellt.

Grundsätze guter Leistungsbewertung gelten auch für inklusives Setting

Zum Lernen und Lehren an einer inklusiven Schule gehört ein adäquates System der Leistungsbeurteilung. Die für die Schule zentrale individuelle Förderungsidee erfordert ein differenziertes System der Leistungsbeurteilung und -rückmeldung für die einzelnen Schülerinnen und Schüler. Dies setzt zweierlei voraus:
1. Einerseits sollen individuelle Zielvereinbarungen mit Kriteriumsbezug jedem Schüler und jeder Schülerin die Lernzuwächse im eigenen Lernen verdeutlichen und diese in regelmäßigen halbjährlichen Rückmeldegesprächen mit Lehrer/in und Eltern verdeutlichen helfen.
2. Andererseits soll eine Einheitlichkeit der Form und eine Transparenz der individuellen Entwicklung und -bewertung durch eine Übersicht gegeben werden, die auch den Schüler/innen, Eltern und Aufsichtsstellen gegenüber auskunftsfähig ist. *(REICH 2014, 269)*

K. REICH (2014, 270) beschreibt im Folgenden Unterrichts- bzw. Lernmodelle, wie sie traditionell in der auf Wissensaufbau ausgerichteten Schule zu finden sind: „Der Lerntisch wird gedeckt, beschrieben, abgeräumt und durch einen neuen ersetzt." Er stellt sie Lernsettings gegenüber, die bei Künstlern und Sportlern zu Erfolgen führen:

Hier wird sehr oft am Modell gelernt, indem bestimmte Praktiken, Techniken und Musterhandlungen beobachtet, nachgeahmt, in eigene Versuche überführt werden. Die Analyse und Kritik der Handlungen anderer im Vergleich zu den eigenen Handlungen ist ebenso wichtig wie die Überprüfung der Kriterien, die diese Handlungen anleiten und gleichzeitig kontrollieren helfen. Die Beobachtung von Lernfortschritten dokumentiert sich hier immer in Handlungen bzw. bestimmten Teilhandlungen. Ein Vergleich zwischen dem, was vorher war und wie es in Zukunft sein sollte, ist möglich. Öffentliche Handlungen werden angestrebt, um die Erfolge auch anderen zu zeigen. *(ebenda)*

Für den Unterricht, der sich eher an dem zweiten Handlungsmodell orientiert, beschreibt K. Reich Regeln, die sich stark an den Erfahrungen des „Teaching for Understanding-Projekts" (siehe auf der Homepage der Harvard Graduate School of Education) orientieren. In gekürzter Form lauten sie:

- Der Unterricht muss stark auf die Handlungen der Lernenden umgestellt werden, in denen sie tatsächlich die Lerngegenstände und Lernprozesse hinreichend beobachten, erfahren und ausprobieren können.
- Die Kriterien der Beurteilung lassen sich nur teilweise vor Unterrichtsbeginn festlegen, sie werden im Lernprozess erweitert und diskutierbar.
- Die Kriterien der Beurteilung müssen klar, transparent und für alle Lernenden leicht zugänglich sein. Sie sind mit den Zielen des Lernprozesses hinreichend zu verbinden. Die Bestimmung nach Umfang, Breite und Tiefe hängt sehr stark von den Handlungen und der dabei gegebenen Zeit ab.
- Lehrende und Lernende teilen ihr Wissen und Verständnis über die Beurteilungskriterien. Peer-to-Peer-Feedback ist ein wesentlicher Zugang zu Lernerfolgen.
- In Phasen des Beobachtens, Experimentierens, Ausprobierens und individueller Zugänge bleiben die Beurteilungen von außen eher beschreibend und offen.
- In Phasen angeleiteter Untersuchungen und bei der Vorbereitung und Präsentation von Ergebnissen werden Handlungen und ihre Ergebnisse aufgrund von zuvor festgelegten und kommunizierten Kriterien beurteilbar; die Beurteilung sollte immer auch mit den Wahrnehmungen der Lernenden abgeglichen werden.
- Im inklusiven Unterricht macht ein unmittelbarer Rangvergleich zwischen den Lernenden keinen Sinn, weil die Unterschiede individueller Voraussetzungen zu groß sind; der individuelle Lernfortschritt ist kriteriumsbezogen und nicht im Rangvergleich zu fokussieren (vgl. Reich 2014, 270 f.).

Der Nachteilsausgleich

Die Idee des Nachteilsausgleiches ist nicht neu und stammt auch nicht originär aus dem schulischen Bereich. Der Anspruch auf einen Nachteilsausgleich begründet sich aus dem Artikel 3 des Grundgesetzes. Seit 1994 heißt es dort in Absatz 3, Satz 2: „Niemand darf wegen seiner Behinderung benachteiligt werden." Das Diskriminierungsverbot oder, positiv formuliert, die Forderung nach Chancengerechtigkeit gilt auch für die Schule. Diese soll durch den sogenannten Nachteilsausgleich beim Zugang zum Lernen und bei der Leistungsermittlung ermöglicht werden. VON ZIMMERMANN und WACHTEL legen dar, wie der Nachteilsausgleich in der Schule verwirklicht werden sollte:

> *Durch Beobachtung und pädagogische Diagnose der Voraussetzungen und Fähigkeiten der Schüler ergeben sich die Konsequenzen für das Lehrerhandeln in jeder Lernsituation. Der Nachteilsausgleich ist eine Verstärkung dieses Grundprinzips jeden Unterrichts.*
>
> *(VON ZIMMERMANN/WACHTEL 2013, 449)*

Im Zuge der Konzeptentwicklung für die Entwicklung zu inklusiven Schulen hat die KMK Grundsätze zu Leistungsbewertungen und Abschlüssen formuliert, die in der Gesetzgebung der Länder konkretisiert werden:

> *Grundsätzlich ist jede erbrachte Leistung individuelles Ergebnis einer Bewältigung von Anforderungen. Alle Kinder und Jugendlichen mit Behinderungen haben in einem inklusiven Unterricht Anspruch auf Würdigung ihrer individuellen Leistungs- und Entwicklungsfortschritte.*
> *Die erreichten Arbeitsergebnisse und die individuelle Leistungsentwicklung werden durch Schulnoten, Lernentwicklungsberichte, Rückmeldegespräche, Portfolios, Zeugnisse oder andere Formen dokumentiert. Auf dieser Grundlage werden die weiteren Bildungs- und Entwicklungsziele festgelegt. Es soll regelmäßig geprüft werden, ob die Leistungsbewertung nach Standards in allen Lern- und Leistungsbereichen vollständig oder nur in Teilbereichen möglich oder aufzuheben ist. Abweichungen von den üblichen Bewertungsregeln werden in den individuellen Förderplänen der Kinder und Jugendlichen ausgewiesen.* *(Beschluss der KULTUSMINISTERKONFERENZ vom 20. 10. 2011; zitiert in der Fassung vom 04. 08. 2017)*

Werden also beim zieldifferenten Lernen die in den individuellen Förderplänen ausgewiesenen Ziele als Maßstab zur Aufgabenkonstruktion und zur Leistungsbewertung herangezogen, gelten im zielgleichen Lernen die in der Bildungsgängen bzw. Abschlussverordnungen formulierten Kompetenzziele. Im Nachteilsausgleich wird die Möglichkeit geschaffen, dass Lernende ihre Leistungen entsprechend ihrer Begabungen erbringen können. Nicht das Anforderungsniveau wird gesenkt, sondern die in der Behinderung oder den spezifischen Bedürfnissen begründete Benachteiligung soll durch konkrete Hilfen kompensiert werden. Mögliche Formen sind:

- unterrichtsorganisatorische Veränderungen, Arbeitsplatzorganisation,
- Anpassung von Texten und vergrößerte Grafiken (z. B. für sehbehinderte oder blinde Schülerinnen und Schüler),
- räumliche Veränderungen (Akustik, Licht),
- personelle Unterstützung (z. B. bei Unterstützter Kommunikation),
- Einsatz technischer Hilfsmittel wie spezielle Stifte, Zirkel und Lineale, Taschenrechner, taktile Karten, Computer mit Braillezeile,
- Textoptimierung von Aufgaben (z. B. bei Schülerinnen und Schülern mit Bedarf an sonderpädagogischer Unterstützung im Förderschwerpunkt Hören),
- individuelle Leistungsfeststellung in Einzelsituationen (z. B. bei Schülerinnen und Schülern mit selektivem Mutismus),
- zusätzliche Bearbeitungszeit und zusätzliche Pausen,
- alternative Präsentation von Aufgaben,
- alternative Präsentation von Ergebnissen,
- Verständnishilfen und zusätzliche Erläuterungen (z. B. Worterklärungen für Schülerinnen und Schüler mit Bedarf an sonderpädagogischer Unterstützung im Förderschwerpunkt Hören),
- alternative Leistungsnachweise (z. B. mündlicher statt schriftlicher Leistungsnachweis),
- Exaktheitstoleranz (z. B. bei sehbehinderten oder motorisch beeinträchtigten Schülerinnen und Schülern) (vgl. von Zimmermann/Wachtel 2013).

Die Entscheidung, ob und in welcher Form ein Nachteilsausgleich gewährt wird, entscheidet in Niedersachsen in jedem Einzelfall die Schule. Die beteiligten Lehrkräfte bestimmen im jeweiligen Zusammenhang für einen Schüler individuell, ob ein Nachteilsausgleich gewährt werden kann und beraten das mit den Eltern. Voraussetzung für die Gewährung ist immer ein Klassenkonferenzbeschluss und die Verankerung in der Dokumentation der inviduellen Lernentwicklung bzw. im Förderplan (vgl. von Zimmermann/Wachtel 2013).

Was hier für Niedersachsen gesagt wird, kann im Prinzip auch für andere Bundesländer gelten. In manchen Ländern, z. B. in NRW, ist in den Verfahrensvorschlägen das Antragsrecht der Eltern stärker betont. Allgemein gilt, dass bei Abschlussprüfungen die Schulbehörde eingeschaltet werden muss.

1.5 Leistungsbewertung in digitalen Lernumgebungen

Die Strategie der KMK

Die Corona-Pandemie hat die Digitalisierung der Schulen zwar auf breiter Front beschleunigt, die Initiativen dazu liegen allerdings schon eine Weile zurück. Schon 2016 hatte die KMK als konkretes Ziel formuliert, jeder Schülerin und jedem Schüler eine digitale Lernumgebung verfügbar zu machen:

Ziel der Kultusministerkonferenz ist es, dass möglichst bis 2021 jede Schülerin und jeder Schüler jederzeit, wenn es aus pädagogischer Sicht im Unterrichtsverlauf sinnvoll ist, eine digitale Lernumgebung und einen Zugang zum Internet nutzen können sollte. Voraussetzungen dafür sind eine funktionierende Infrastruktur (Breitbandausbau; Ausstattung der Schule, Inhalte, Plattformen), die Klärung verschiedener rechtlicher Fragen (u. a. Lehr- und Lernmittel, Datenschutz, Urheberrecht), die Weiterentwicklung des Unterrichts und vor allem auch eine entsprechende Qualifikation der Lehrkräfte.

(Strategie der KMK „Bildung in der digitalen Welt" 2016, S. 11)

Auch Prüfungsformate digital weiterentwickeln

Sieben Jahre später wurde in der Ergänzung zur Strategie der KMK deutlich gemacht, dass auch die Leistungsbewertung, im Sprachgebrauch der KMK die „Prüfungskultur", unmittelbar in den Fokus zu nehmen ist.

Vor dem Hintergrund einer sich verändernden Lern- und Arbeitskultur und einer sich weiterentwickelnden Aufgabenkultur (vgl. Kapitel Lernen in der digitalen Welt – Potenziale) wird auch der Bereich der in schulischer Verantwortung stehenden Prüfungskultur einschließlich seiner Formate und Bewertungsweisen – unter Beachtung der konstruktiven Verknüpfung (Constructive Alignment) von Lern- und Prüfungskultur – weiterzuentwickeln sein.
Dabei stehen die Entwicklung von Prüfungsformaten, die die Kompetenzen in der digitalen Welt überprüfen, sowie die Nutzung der erweiterten digitalen Möglichkeiten im Fokus. Im Wandel des Lehrens und Lernens in der digitalen Welt sind – ausgehend von klassischen handschriftlichen Klassenarbeiten und Klausuren – unter Nutzung digitaler Medien und Werkzeuge etablierte Prüfungsformate anzupassen sowie neue Prüfungsformate zu entwickeln.

(Lehren und Lernen in der digitalen Welt; Ergänzung zur Strategie der KMK 2021, S. 13)

Dabei setzte die KMK auf die Prozesse in den Schulen bzw. auf den Automatismus der Entwicklung von Prüfungssituationen bzw. -formaten aus der Weiterentwicklung des Unterrichts. Bei aller Offenheit gegenüber den tatsächlichen Entwicklungen in den Schulen hatte die KMK dennoch folgende Prioritäten festgelegt:

> - *In zukünftige schriftliche und mündliche Prüfungsformate sind neben den fachlichen Kompetenzen verstärkt – gemäß den in der KMK-Strategie definierten Kompetenzen – Kreativität, Kollaboration, kritisches Denken und Kommunikation mit einzubeziehen. In diesem Zusammenhang sollten wissenschaftsbasiert neue Prüfungsformate entwickelt werden, die diese Fähigkeiten gesichert überprüfen.*
> - *Mündliche Prüfungsformate beziehen in einer Kultur der Digitalität die kommunikativen Anteile des Lernens und Verstehens umfangreicher als bisher ein, indem digitale Möglichkeiten genutzt werden.*
> - *Metakognition und Reflexionsleistungen sind stärker auch in Prüfungen aufzunehmen und zu gewichten.*
> - *Zur Implementation einer an ein Lernen in einer Kultur der Digitalität ausgerichteten Prüfungskultur sind nach erfolgreicher Erprobung die Länderverordnungen zu Klassenarbeiten und zentralen Abschlussprüfungen weiterzuentwickeln und entsprechend anzupassen. Die Verbindung von Lern- und Prüfungskultur ist sicherzustellen.*
>
> *(a.a.O., S. 15)*

Auch wenn der Auftrag der KMK an die Schulen gerichtet wurde, so haben doch die Verwaltungen und Institute in den Ländern sich daran gemacht, Konzepte und praktische Hilfestellungen zu organisieren. Ein Beispiel dafür ist das Projekt „Prüfungskultur innovativ". Es wird von der Stiftung Bildungspakt Bayern als Schulversuch durchgeführt. Er baut auf Erfahrungen aus dem Schulversuch „Digitale Schule 2020" auf. Die Laufzeit beträgt zwei Jahre (Schuljahr 2021/2022 und 2022/2023). Einmal sollen besondere digitale Aufgabenformate entwickelt werden:

> *Es geht darum, digitale Aufgabenformate zu entwickeln, die kooperative und kreative Herangehensweisen auch bei der Leistungsfeststellung erlauben. Sie bilden dabei insbesondere diejenigen Kompetenzen ab, die junge Menschen für Studium, Beruf und ihr Leben in einer digitalisierten Welt brauchen […].*

Geeignete Formate für diese Lern- und Prüfungskultur können u.a. folgende Formate sein:

- *Lernprodukte als Leistungsnachweis, z. B. E-Books, Audios, Videos, Wikis, Blogs*
- *Hybride Leistungsaufgaben mit multimedialen Materialien, als Grundlage für die Darstellung des Kompetenzerwerbs*
- *E-Portfolios, Sketchnotes, Infografiken oder interaktive Wissenslandkarten als prozessorientierte bzw. auch fachintegrative Formate.*

(www.bildungspakt-bayern.de/projekte-pruefungskultur-innovativ in der Fassung vom 12.12.2022)

Zudem werden in dem Schulversuch auch verschiedene Formen der Rückmeldung erprobt, wie z. B.:

- Audiofeedback als Ergänzung zum Bewertungsbogen, z. B. als QR-Code auf dem Bewertungsbogen hinterlegt;
- Screenrecording der Rückmeldungen der Lehrperson zu einem Erklärvideo, so dass Kommentar und Lernprodukte in einem Format zusammengeführt werden;
- Einsatz digitaler Stifte bei Geräten mit Stifteingabe.

Im Bericht „Digitale Lernprodukte als Leistungsnachweise; Erfahrungen und Ergebnisse aus dem Schulversuch *Prüfungskultur innovativ*", werden viele Anregungen und konkrete Beispiele aus der Praxis von unterschiedlichen Schulen vorgestellt. Eine Checkliste zur „Erstellung digitaler Lernprodukte als Leistungsnachweise" schließt den Bericht ab.

Ein Blick in die Praxis

Die Vorstellungen der KMK sind als Strategie gedacht. Ob und wie diese strategischen Überlegungen tatsächlich in praktisches Handeln umgesetzt werden, ist so unterschiedlich, wie auch die Schulen insgesamt unterschiedlich sind. Die Erfahrung zeigt, dass Schulen, die sich in einem permanenten Entwicklungsprozess sehen, die Herausforderung zur Digitalisierung der Lernumgebungen schon angenommen haben, bevor die Pandemie alle Schulen dazu gezwungen hat. Eine dieser Schulen ist die Gesamtschule Münster-Mitte, die GEMM (Gemeinsam Erreicht Man Mehr!) Die GEMM (https://gesamtschule-muenster.de) wurde im Jahr 2021 mit dem *Deutschen Schulpreis Spezial* in der Kategorie „Selbstorganisiertes Lernen ermöglichen" ausgezeichnet.

Kristina Brauch ist Lehrerin für Mathematik, Sport und Darstellen und Gestalten an der Gesamtschule Münster-Mitte. Sie ist in den Entwicklungsprozessen der Schule aktiv involviert. Ein Schwerpunkt ist die Mitwirkung in der Unterrichtsentwicklung, die sich die Schule zur permanenten Aufgabe macht.

KRISTINA BRAUCH hat uns auf Fragen zur Nutzung digitaler Tools und zu möglichen Weiterentwicklungen geantwortet und damit einen Einblick in die Praxis einer Schule aus der Perspektive einer Lehrerin gewährt. Den zusammenhängenden Text mit vielen praktischen Hinweisen finden Sie in Kapitel 4.6. Hier ein Auszug aus dem schriftlichen Interview:

Kristina Brauch
Wir sind eine Gesamtschule im Herzen Münsters und haben das große Glück, digital gut ausgestattet zu sein. Unsere erste EF Jahrgangsstufe startete vor fünf Jahren das Pilotprojekt „Papierlose Oberstufe". Alle Schülerinnen und Schüler wurden mit personalisierten Ipads ausgestattet, Arbeitsblätter und das Kopieren von Papierbergen wurde überflüssig. Inzwischen hat sich dies natürlich bis zur Q2 hochgezogen, aber auch Lernende der Jahrgänge 9 und 10 wurden vor zwei Jahren gleichermaßen ausgestattet. Die übrigen Jahrgänge 5 bis 8 haben Ipad-Koffer mit einem halben Klassensatz in den Klassenräumen stehen, die im Unterricht jederzeit zugänglich sind. Alle Klassenräume wurden kürzlich mit Whiteboards mit integriertem Beamer und Apple-TV ausgestattet.
Diese Maßnahmen veränderten und verändern immer noch schrittweise unseren Unterricht und somit auch die Art des Lernens maßgeblich. Das wiederum hat zur Folge, dass das Beobachten der Lernprozesse und die Möglichkeiten, Lernstände zu erfassen, eine weitere neue Dimension bekommen. Es tut sich schlichtweg eine neue digitale Welt auf, die das analoge Arbeiten ergänzen, damit verschmelzen oder gar ersetzen kann. […]
Wir stecken also mittendrin im Wandel. Wir probieren aus, evaluieren, strukturieren und verbessern stetig den Umgang mit diesen vielfältigen Möglichkeiten im Unterricht und haben hier schon viel erreicht. […]

Anforderungen an die Leistungsbewertung heute – eine wissenschaftliche Sicht

Der wissenschaftliche Diskurs um die Entwicklung der Leistungsbewertung hat sich in großer Kontinuität fortgesetzt (vgl. WINTER 2012). SILVIA-IRIS BEUTEL und HANS ANAND PANT haben in ihrem Buch „Lernen ohne Noten" die Ausrichtung der Leistungsbewertung auf den Ansatz der Partizipation begründet. Das Buch ist ein Plädoyer für die Abschaffung der Noten, ohne „die Notwendigkeit des Sichtbarmachens von Leistung und Leistungsergebnissen in den Schulen auf den Ebenen der Lernenden, der Schule als pädagogischer Handlungseinheit und der systemischen Ebene" (BEUTEL/PANT 2020, S. 19) in Frage zu stellen. Sie formulieren jedoch klar die Bedingungen für ihre Form der Beurteilungspraxis im Sinne von Lernbegleitung, Feedbackkultur und Beteiligung der Schülerinnen und Schüler:

> - *Es bedeutet, erstens eine systematisch entfaltete, diagnostisch (in Blick auf die Lernenden) wie didaktisch (in Blick auf das Lernen) ausgewiesene Lernbegleitung von Schulbiographien kollegial zu ermöglichen, stetig zu reflektieren und langfristig zu kultivieren – von der Bezugsnormanwendung bis zur kritischen Reflexion der eigenen schulischen Leistungsbiographie.*
> - *Dazu benötigt es zweitens vielfältiger Instrumente und Verfahren einer Feedbackkultur, die zugleich in den Handlungs- und Professionskontext der jeweiligen Schule individuell einzubetten und zu adaptieren sind.*
> - *Drittens ist dabei die Schülerbeteiligung als Grundlage einer Strategie individueller und gemeinschaftlicher Verantwortungsübernahme und Lernförderung zu verstehen.*
>
> *(BEUTEL/PANT 2020, S. 12)*

In dem Buch wird nicht explizit auf die Optionen eingegangen, die sich aus der Entwicklung der digitalen Werkzeuge für ihr Konzept ergeben. Aber an anderer Stelle wird die Frage, ob digitale Werkzeuge die Qualität der Leistungsbewertung im oben beschriebenen Sinne erhöhen, so beantwortet, dass sie zwar nützlich, aber nicht unbedingt notwendig sind.

Authentische Leistungen fordern und bewerten – das Konzept „Deeper Learning in der Schule"

A. SLIWKA und B. KLOPSCH (2020) beschreiben in ihrem Buch ein umfassendes Lern-Konzept und verknüpfen es auch explizit mit Optionen und Anforderungen, die sich aus der Digitalisierung der Lernumgebungen ergeben. In diesem Konzept lassen sich die Anforderungen aus der KMK und auch die Praxis in der Gesamtschule Münster-Mitte aufnehmen. Mit Blick auf die herkömmliche Praxis der Bewertung von Leistungen argumentieren SLIWKA und KLOPSCH aus ihrem Konzept heraus folgendermaßen:

> *Die Verknüpfung des fachlichen Wissens mit seiner Anwendung in der realen Lebenswelt durch die authentischen Aufgabenstellungen erfährt eine Zäsur, wenn die abschließende Leistungsmessung von der Authentizität Abstand nimmt und wieder primär nur die Rezeption des fachlichen Wissens abprüft. Lernprozess und Leistungsüberprüfung stehen damit in keinem kohärenten*

Verhältnis, und die angestrebte Wissensarchitektur aus konzeptionellem, deklarativem, prozeduralem und metakognitivem Wissen bleibt unvollständig und unverbunden.

(Sliwka/Klopsch 2020 S. 132)

Die komplexen Lernprozesse einer Deeper Learning-Einheit sollten folglich nicht nur einmalig am Ende des Arbeitsprozesses rückblickend eingeschätzt werden. Sie erfordern eine kontinuierliche Leistungsrückmeldung, die die wachsende Kompetenz der Schülerinnen und Schüler beschreibt. Zusätzlich kann eine rückblickende und ganzheitliche Einschätzung des Lernens am Ende der Einheit erfolgen.

(a.a.O., S. 136)

Wie zeichnen sich authentische Leistungen aus

Das verbindende Element der verschiedenen Phasen eines Lernprozesses ist es, den Lernenden authentische Leistungen zu ermöglichen, diese nach individuellen Möglichkeiten zu fördern und zu begleiten und sowohl im Prozess als auch am Ende zu bewerten. Wodurch sich authentische Leistungen auszeichnen, beschreiben Sliwka und Klopsch so:

- *Sie fordern die Lernenden heraus.*
- *Sie orientieren sich an Zielen und legen den Fokus auf das Wesentliche.*
- *Sie haben einen unmittelbaren Lebensbezug.*
- *Sie schaffen für alle Schülerinnen und Schüler einen Zugang zum Lernen, indem sie eigene Zugänge und unterschiedliche Ausdrucksformen zulassen.*
- *Sie sind mit transparenten Erwartungen verknüpft und werden durch verständliches Feedback anhand von Kriterien gefördert.*

(a.a.O., S. 133)

Für die Praxis relevant ist, dass in diesem Konzept nicht auf aufwendige Screeningverfahren oder Tests gesetzt wird, sondern als Ausgangspunkt der Dialog zwischen Lernenden und Lehrenden gesucht wird. Das ermöglicht die Partizipation der Lernenden, fördert die Selbstwahrnehmung und die Wahrnehmung der eigenen Interessen im Dialog und lässt sich unmittelbar in prozessbezogenen Vereinbarungen verdichten. Die Integration von Lernen, Feedback und Bewertung ist somit vollständig, wie es schon lange gefordert wird.

Dass in einem solchen Konzept Noten kein adäquates Mittel zur Erfassung der Leistungen sind, weder im noch am Ende des Prozesses, versteht sich fast von selbst. Im Konzept des „Deeper Learning“ werden kognitive

Leistungen in einer taxonomischen Struktur (vgl. BIGGS/COLLIS 1982: SOLO-Taxonomie; Structure of the Observed Learning Outcome) erfassbar bzw. bewertbar gemacht. Die Struktur der taxonomischen Stufen folgt dabei verschiedenen Kriterien. Einmal nimmt der Abstraktionsgrad von Stufe zu Stufe zu. Auch die Anzahl der kognitiv zu organisierenden Aspekte steigt kontinuierlich an. Gleiches gilt für die Kohärenz und den Einsatz von Organisationsprinzipien und Methoden zur Vernetzung von Inhalten (vgl. SLIWKA/KLOPSCH 2020, S. 141). In die deutsche Sprache übersetzt, werden die einzelnen Stufen wie folgt beschrieben:

- ***vorstrukturell (Stufe 0):*** *Der oder die Lernende hat kein Verständnis des Themenfeldes, benennt irrelevante Dinge und weiß nicht, was er oder sie tun soll.*
- ***unistrukturell (Stufe 1):*** *Der oder die Lernende kann einen einzigen Aspekt ohne offensichtliche Verknüpfungen benennen. Ihm oder ihr gelingt es, die entsprechende Terminologie zu nennen, sich etwas zu merken oder einfache Vorgehensweisen auszuführen.*
- ***multistrukturell (Stufe 2):*** *Der oder die Lernende kann mehrere Aspekte benennen, diese stehen aber noch recht unverbunden nebeneinander. Er oder sie kann Dinge zeigen, beschreiben, klassifizieren, Methoden anwenden, strukturieren und mehrschrittige Vorgehensweisen durchführen.*
- ***relational (Stufe 3):*** *Der oder die Lernende kann Beziehungen zwischen mehreren Aspekten des Themenfeldes verstehen und erkennt, wie sie zusammengehören, um ein Ganzes zu bilden. Das Verständnis dient als Struktur, um Dinge zu vergleichen, aufeinander zu beziehen, zu analysieren, Theorien anzuwenden und im Sinne von Ursache und Wirkungen zu beschreiben.*
- ***erweitert abstrakt (Stufe 4):*** *Der oder die Lernende kann die erlernte Struktur verallgemeinern, abstrahieren, das Themenfeld aus unterschiedlichen Perspektiven analysieren und die Inhalte bzw. das Erlernte auf neue Themenfelder beziehen. Er oder sie kann Verknüpfungen herstellen, die bislang nicht thematisiert wurden, und kann kreativ und/oder analytisch Neues entwickeln und reflektieren.*

(SLIWKA/KLOPSCH 2020, S. 141)

In der Praxis bleibt natürlich die Frage, wie die Leistungen dokumentiert werden können. Die Autorinnen schlagen vor, ein Zertifikat mit den fachlichen Leistungen, der überfachlichen Lernentwicklung und mit Informationen zur authentischen Leistung zu gestalten (vgl. SLIWKA/KLOPSCH 2020).

Zur Erfassung und Dokumentation der überfachlichen Lernentwicklung können Kompetenzraster dienen, wie sie an anderer Stelle im Buch ausführlich beschrieben werden.

Unser Fazit

Es gibt in fortschrittlichen Schulen eine ganze Reihe von Vorleistungen in der Förderung selbstgesteuerten Lernens, eine Menge von analogen und mittlerweile digitalen Werkzeugen, um Kompetenzentwicklungen beschreiben zu können, so dass mit der Strukturierung durch das Konzept „Deeper Learning“ die Entwicklung der Praxis erfolgversprechend und vor allem steuerbar erscheint.

Mit Blick auf den Einsatz digitaler Werkzeuge in der Leistungsbewertung lässt sich zusammenfassen, dass sich die methodische Vielfalt und die Vielfalt der Produkte deutlich erweitert hat. Mit den neuen Werkzeugen haben sich allerdings nicht die Leitfragen zur Entwicklung der Leistungsbewertung erledigt, die in den vorhergehenden Kapiteln formuliert worden sind. Bestimmte Grundfragen, z. B.

- wie die Lernenden konkret Einfluss nehmen und partizipieren können,
- nach dem Verhältnis von Prozess- und Produktbewertung,
- inwieweit Teilprozesse/-Produkte bewertet werden sollen,
- wie die häusliche Unterstützung bei der Erstellung von Lernprodukten aufgenommen wird,
- ob die neuen Formen automatisch mehr Transparenz schaffen oder gar Gerechtigkeit garantieren,

müssen auch mit zunehmender Digitalisierung immer wieder im konkreten Zusammenhang beantwortet werden.

Das kritische Resümee von Kristina Brauch für ihre Schule trifft vermutlich die Realität in vielen Schulen und hat gleichzeitig eine positive Perspektive, die Motivation und Mut für die weitere Entwicklung macht.

Kristina Brauch

All diese Möglichkeiten bieten eine wunderbare Alternative zu den herkömmlichen Leistungsmessungsinstrumenten, bilden aber neben den inhaltlichen Kompetenzen in unterschiedlichen Ausprägungen auch digitale, kreative und teamorientierte Kompetenzen ab, und zwar stärker gewichtet als bisher, wo es nur als Bauchgefühl in den sonstigen Leistungen miteinfließt! Und wenn man den pädagogisch/didaktischen Zeitgeist aufgreifen will, dann dürfen wir nicht ignorieren, was die 21. Century-Skills (4K, Persönlichkeit, Teamfähigkeit,

Umgang mit neuen Technologien uvm.) von unseren Schülerinnen und Schülern abverlangen. Und das sollte sich auch in der Lern- und Prüfungskultur widerspiegeln! […]
Dafür bedarf es aber eines Weiterdenkens des Unterrichts. […] Wenn man sich am SAMR-Modell orientiert, bewegen wir uns noch zu sehr auf den Stufen der Substitution und Augmentation. Um wirklich einen Schritt weiterzugehen und auch die digitalen Kompetenzen deutlich mehr in den Fokus zu rücken, müssen die beiden weiteren Stufen Modifikation und Redefinition viel häufiger betreten werden, d.h. die von mir bereits aufgeführten Prüfungsalternativen müssten eine größere Rolle bekommen. “

2 Chancen und Grenzen der Leistungsbeurteilung

2.1 Beschreibung des Ist-Zustands

Ein zurzeit noch aktueller Neuerlass zu Prinzipien und Modalitäten der Leistungsmessung und Notenvergabe stammt aus dem Saarland (Stand März 2017). Die Erlasse der anderen Bundesländer sind teilweise erheblich älter, zum Teil über 10 Jahre alt.

Nur ein aktueller Erlass zu Prinzipien der Leistungsmessung

Der saarländische Erlass ist insofern innovativ, als er die bundesweit nach wie vor übliche grundsätzliche Trennung von „schriftlichen" und „sonstigen" Leistungen aufhebt zugunsten einer neuen Systematisierung und Differenzierung. Da wir uns gut vorstellen können, dass dieses neue Modell angesichts der mittlerweile etablierten Prinzipien der Kompetenz- und der Prozessorientierung sowie der Inklusion auch in den anderen Bundesländern Schule machen wird, stellen wir kurz einige Essentials vor (vgl. Ministerium für Bildung und Kultur Saarland 2017):

Differenziert wird nach „Großen Leistungsnachweisen" (GLN) und „Kleinen Leistungsnachweisen" (KLN). Zu den GLN zählen nicht nur Klassenarbeiten/Klausuren, sondern auch Referate, Portfolios, Wettbewerbe, experimentelle oder praktische Arbeiten etc. Alle diese gerade genannten Leistungsnachweise können für einzelne Lernende (!), Teile einer Klasse (!) oder die gesamte Klasse ein bis zwei der traditionellen schriftlichen Arbeiten ersetzen. Gleiches gilt für die KLN. Auch hier werden neben der Mitarbeit im Unterricht eine Fülle von Alternativen genannt, auch hier können sie schriftliche Tests oder mündliche Mitarbeit ersetzen. Ziel ist die individuelle Förderung der Leistungen der Schülerinnen und Schüler. GLN gehen mit 60 %, KLN mit 40 % in die Zeugnisnote ein.

Sehr schwammig und nicht über frühere Bestimmungen hinausgehend aber bleibt der Erlass in Bezug auf die konkreten Modalitäten der Leistungsermittlung und lässt die einzelne Lehrperson hier letztlich alleine. Es findet sich lediglich der Hinweis auf „Nachvollziehbarkeit" sowie auf „gezielte Hinweise zur Verbesserung der Leistung" (ebd.). Besonders deutlich wird dies bei der für die oben erwähnten Gruppenleistungen ja letztlich wirklich entscheidenden Frage, wie diese denn zu bewerten seien. Diesem Problem wird nicht nachgegangen, im Gegenteil heißt es „bei Gruppenprüfungen wird die Einzelleistung bewertet" (ebd). Die von uns im Kapitel 4.4. dargestellten Möglichkeiten der Bewertung von Gruppenleistungen gehen sehr viel weiter.

Die aber nach wie vor überwiegend vorherrschende Form der schulischen Leistungsmessung wird letztlich auch in diesem teilweise sehr fortschrittlichen Erlass durch die Einfriedung der je individuellen Leistung in ein festes und vorgegebenes Notensystem vorgenommen, dessen Definition sich nicht wesentlich von früheren bzw. in anderen Bundesländern gültigen Definitionen unterscheidet:

sehr gut (1) eine den Anforderungen in besonderem Maße entsprechende Leistung;
gut (2) eine den Anforderungen voll entsprechende Leistung;
befriedigend (3) eine den Anforderungen im Allgemeinen entsprechende Leistung;
ausreichend (4) eine Leistung, die zwar Mängel aufweist, aber im Ganzen den Anforderungen noch entspricht;
mangelhaft (5) eine den Anforderungen nicht entsprechende Leistung, die jedoch erkennen lässt, dass die notwendigen Grundkenntnisse vorhanden sind und die Mängel in absehbarer Zeit behoben werden könnten;
ungenügend (6) eine den Anforderungen nicht entsprechende Leistung, bei der selbst die Grundkenntnisse so lückenhaft sind, dass die Mängel in absehbarer Zeit nicht behoben werden könnten. *(ebenda)*

Diese Leistungsdefinitionen des saarländischen Kultusministeriums enthalten (wie alle anderen ministeriellen) Definitionsversuche einen entscheidenden Mangel: Die Beschreibung der Leistungsanforderungen bedeutet nicht gleichzeitig und „automatisch" deren Operationalisierung! Es bleibt also die entscheidende Frage offen, wie man diese Leistungen in Teilbereiche zerlegen, messen und quantifizieren kann.

Keine Hinweise zur Erfassung und Messung der Leistung

Ein gutes Stück weit in Richtung auf eine differenziertere Benotungskultur gelangt man allein dadurch, dass man die starren Beschreibungen auflöst, so dass individuelle, auf die Schülerin oder den Schüler zugeschnittene Kombinationen der Teilleistungen möglich sind.

Mündliche Leistungen

Um die sechs Leistungsstufen auf die mündlichen Leistungen – genauer: die mündliche Beteiligung am Unterricht – leichter übertragen zu können, finden sich an vielen Schulen Bewertungsbögen bzw. Kriterienlisten. Sie sollen das Messen dieser Leistungen möglichst objektivieren und transparent gestalten. Folgendes Beispiel haben wir entwickelt:

Bewertungsmatrix für mündliche Leistung

Leistungsaspekt	Beschreibung	Note
1. Mitarbeit und Äußerungen: quantitativ	Sagt … • nie etwas • nur nach Aufforderung • gelegentlich • regelmäßig • herausragend oft	 6 4–5 3–4 2–3 1–2
2. Mitarbeit und Äußerungen: qualitativ	Äußerungen … • sachlich durchweg falsch • sachlich überwiegend falsch, aber notwendige Grundkenntnisse im Ansatz vorhanden • sachlich überwiegend richtig • sachlich durchgängig richtig	 6 4–5 3–4 1–2
3. Verknüpfungs- und Vernetzungsfähigkeit	• keine Fähigkeiten zur Wiedergabe • Wiedergabe einfacher Fakten und Zusammenhänge aus dem unmittelbar behandelten Stoff • Verknüpfung mit Kenntnissen der Unterrichtseinheit • Verknüpfung über die Unterrichtseinheit (ggf. über das Fach) hinaus	6 4–5 3 1–2
4. Problemerkennungs- und Problemlösefähigkeit	• nicht vorhanden • Probleme werden grundsätzlich benannt • Unterscheidung von Wesentlichem und Unwesentlichem • sachgerechte, ausgewogene und eigenständige Urteilsfähigkeit	6 4–5 3 1–2
5. Allgemeiner Sprachgebrauch und Verwendung von Fachsprache	• umgangssprachlich, unpräzise; schwammig, unsachlich • unbeholfen deskriptiv, aber grundsätzlich nachvollziehbar • im Ansatz analytisch, aber noch deutlich verbesserungsfähig; Fachsprache im Ansatz beherrscht • analytisch; präziser Zugriff, sicherer Gebrauch der Fachsprache; klare, sprachliche Darstellung	6 4–5 3 1–2
Note insgesamt (inkl. +/–): ______		

Kennzeichnend für dieses System ist die von allen Beteiligten – Lernenden, Lehrpersonen, Eltern und Schulaufsicht – mehr oder weniger deutlich formulierte Erwartung der „Gauß'schen Normal-Verteilungskurve" in Bezug auf jede beliebige Lerngruppe: Ein Großteil der Schülerleistungen befindet sich im mittleren Bereich (befriedigend – ausreichend), nach oben (gut – sehr gut) wie nach unten (mangelhaft – ungenügend) werden es deutlich weniger Lernende. Die Erwartung dieser „Normalverteilung" ist ja auch durchaus sinnvoll, denn die durchschnittliche Verteilung der Intelligenz in einer nach anderen Kriterien zusammengestellten Lerngruppe, wie es Klassen ja sind, entspricht weitestgehend dem oben skizzierten Schema. Der größte Teil der Lernenden wird durchschnittlich intelligent sein – und Intelligenz ist eine valide Basis für die Vorhersage von Leistungen.

Im Regelfall gibt es zumindest eine klare, gesetzlich bzw. durch Erlass geregelte Untergrenze. In den niedersächsischen Sekundarstufen I z. B. beträgt sie bei Klassenarbeiten 30 % – wenn mehr Ergebnisse mangelhaft oder ungenügend sind, muss die Klassenarbeit entweder wiederholt oder als begründeter Sonderfall von der Schulleitung genehmigt werden. Lehrpersonen, die dauerhaft von dieser Normalverteilung abweichen, müssen einkalkulieren, dass sie gewisse Probleme bekommen können.

Also nicht die grundsätzliche Existenz der Normalverteilung bildet das Problem, sondern ihre von der diagnostischen Tätigkeit abgekoppelte Handhabung seitens vieler Lehrpersonen. Statt erwartetes und tatsächliches Ergebnis zur Diagnose des eigenen Unterrichts und der eigenen Einschätzung der Leistungsfähigkeit der Lernenden zu nutzen und daran Diagnose- und Fördermaßnahmen zu fokussieren, wird (sicherlich häufig unbewusst und im besten Glauben und Wollen) jede Lerngruppe – häufig wohl auch das Bewertungsraster – so „getrimmt“, dass sie der Normalerwartung entspricht. Das ist übrigens genau das, was viele Schulleitungen und -aufsichten fordern und erwarten – wer sich als Lehrperson entsprechend verhält, ist also unter diesem Gesichtspunkt immer auf der sicheren Seite.

In den letzten Jahren ist unter den Bildungspolitikern die Einsicht gewachsen, dass dieses Noten- bzw. Punktesystem überfordert ist, wenn es Aspekte wie Sozialverhalten, Arbeitshaltung, Fleiß, Pünktlichkeit oder Ordnung aufnehmen und gleichzeitig soziale, individuelle und sachliche Normen miteinander verknüpfen soll. Das Verhalten der Schülerinnen und Schüler und ihre Einstellungen zu den Aufgaben sind eben keineswegs stabil und kontinuierlich, sondern variieren von Fach zu Fach, von Lehrperson zu Lehrperson, und auch innerhalb des Faches von Thema zu Thema und Aufgabenart zu Aufgabenart.

Mittlerweile gehen viele Schulen und besonders Integrierte Gesamtschulen – zumindest in den unteren Jahrgangsstufen der Sekundarstufe I – einen anderen Weg: Statt der üblichen Notenzeugnisse gibt es halbjährliche „Lernentwicklungsberichte“. Diese gliedern sich in drei Teile:

- einen allgemeinen von dem oder den mit der Klassenleitung betrauten Lehrperson(en) verfassten Teil, der sich mit den schon oben in Bezug auf die Kopfnoten skizzierten Aspekten befasst,
- einen fachlichen Teil, in dem alle Fachlehrkräfte die jeweiligen Leistungen verbal beschreiben und

- schließlich einen Teil, in dem die Schülerin oder der Schüler selber Stellung zur Leistungsbewertung und zu seiner Person (und den Vorsätzen für das nächste Halbjahr) nimmt.

Verbale Bewertung versus Ziffernnoten

Verbale Bewertungen weisen einen unschätzbaren Vorteil gegenüber Ziffernnoten auf, wenn es um die individuelle Entwicklung von Verhaltensänderungen geht. Sie bieten konkrete Anlässe zur gemeinsamen kommunikativen Validierung, auch wenn mit verbalen Bewertungen nicht automatisch Diagnosefähigkeiten der Lehrpersonen erzeugt werden. Es gibt drei gravierende Risiken dieses Systems:

- Je geringer die Diagnosekompetenz der Lehrpersonen, desto höher ist auch das Risiko, in die verbale Beurteilung subtile Formen der Persönlichkeitsbewertung auf der Basis von subjektiven Persönlichkeitstheorien zu integrieren.
- Häufig ist es sehr leicht möglich, eine „Rückverwandlung" einer Verbalbeurteilung in bloße Noten vorzunehmen: Eine Formulierung wie „deine Leistungen im Fach Deutsch waren im letzten Halbjahr befriedigend" sagt nicht mehr aus als ein „befriedigend" in einem Notenzeugnis. Aber auch Formulierungen wie „das Lösen von quadratischen Gleichungen musst du noch üben, um zu guten Ergebnissen zu gelangen" sind – obwohl deutlich aussagekräftiger als das Deutschbeispiel – ohne Mühe in ein „Drei plus" rückzuverwandeln.
- Das Schreiben von Lernentwicklungsberichten ist ausgesprochen zeitaufwändig! Da liegt die gerade durch den Computer möglich gewordene Versuchung nahe, im Sinne eines arbeitsökonomischen Vorgehens mit Textbausteinen zu arbeiten. Damit aber gerät der ursprüngliche Anspruch tendenziell in Gefahr – nämlich individuell auf jede Schülerin und jeden Schüler einzugehen und die jeweiligen Schwächen und Stärken differenziert verbal auszuloten – aber das hängt eben wesentlich von der Menge und dem Grad der Differenziertheit der Bausteine ab.

Sehr interessant finden wir auch das auf Seite 37 abgebildete erste uns in die Hände geratene (Grund-)Schulzeugnis, das sich nicht an Noten, sondern Kompetenzen orientiert. Allerdings wird auch bei diesem Zeugnis mit fünf vorgegebenen Stufen gearbeitet (MINISTERIUM FÜR SCHULE UND BERUFSBILDUNG DES LANDES SCHLESWIG-HOLSTEIN, Kiel 2015).

ZEUGNIS

für ______________________________

Jahrgangsstufe __________ Schulhalbjahr Schuljahr __________

Laut Konferenzbeschluss vom ____________

		sicher	überwiegend sicher	teilweise sicher	überwiegend unsicher	unsicher
	Überfachliche Kompetenzen					
1.	**Arbeitsorganisation** z. B. Ordnung am Arbeitsplatz halten; sorgfältig arbeiten	☐	☐	☐	☐	☐
2.	**Anwendung von Methoden** z. B. Hilfsmitte angemessen verwenden; effektiv mit Medien (Wörterbüchern, Lexika, PC) arbeiten, um Informationen zu sammeln, zu verarbeiten und zu präsentieren	☐	☐	☐	☐	☐
3.	**Konzentration** z. B. die Aufmerksamkeit gezielt auf die Sache richten; zielgerichtet in angemessenem Tempo arbeiten	☐	☐	☐	☐	☐
4.	**Selbstständigkeit** z. B. Arbeiten ohne fremde Hilfe planen und umsetzen; über eigene Ergebnisse reflektieren; Selbstkontrollmöglichkeiten nutzen	☐	☐	☐	☐	☐
5.	**Engagement** z. B. eigene Ideen in den Unterricht einbringen und Impulse liefern; sich motiviert zeigen, etwas zu schaffen oder zu leisten	☐	☐	☐	☐	☐
6.	**Selbstsicherheit** z. B. in Leistungssituationen und in sozialen Situationen wenig ängstlich reagieren; sich etwas trauen	☐	☐	☐	☐	☐
7.	**Teamfähigkeit** z. B. sich an Regeln und Absprachen halten; mit anderen zusammenarbeiten; andere unterstützen	☐	☐	☐	☐	☐
8.	**Logisch denken** z. B. Regeln und Zusammenhänge erkennen können; Sachverhalte schnell erfassen	☐	☐	☐	☐	☐
9.	**Konfliktfähigkeit** z. B. sachlich und ergebnisorientiert argumentieren; angemessen mit Kritik umgehen	☐	☐	☐	☐	☐

(Ministerium für Schule und Berufsbildung des Landes Schleswig-Holstein, Kiel 2015)

2.2 Dimensionen des Leistungsbegriffs

Unsere modernen (post-)industriellen Gesellschaften sind ohne das Streben nach und das Erbringen von Leistung schlechterdings nicht denkbar – das hat Max Weber mit seinem grundlegenden Werk zur protestantischen Ethik bereits vor hundert Jahren nachgewiesen, und der weltgeschichtliche (Globalisierungs-)Prozess zeigt, dass die Leistungsgesellschaft überall in der Welt an Boden gewinnt.

Wie aber wird der Leistungsbegriff in unserer Gesellschaft gesehen? Beispiele für Leistungen gibt es jeden Tag in unserer Medienwelt: Leistungen in Sport, Politik, Technik, Kultur, im täglichen Leben, bei abstrusen Höchstleistungen für das Guinness-Buch etc. Man fragt sich oft vergeblich, wem diese Leistungen eigentlich nützen und was sie Tolles bewirken, aber dennoch werden sie durch die Bank positiv konnotiert – etwas leisten ist durch und durch gut und sinnvoll! (Niemand würde dagegen ernsthaft auf die Idee kommen, die Taten eines Mörders oder Bankräubers als Leistung zu bezeichnen!) Dieser Begriff ist also sehr unmittelbar mit unserem gesellschaftlichen Wertesystem verknüpft.

Wir alle werden tagtäglich mit Leistungserwartungen an uns konfrontiert. Doch wie unterscheiden sich die Leistungsanforderungen an bestimmte Gruppen oder auch an Einzelne in der Gesellschaft, wie werden sie definiert, wer definiert sie und welche Leistungen sind gefragt? Für Schülerinnen und Schüler aller Schulformen und Jahrgänge lässt sich das relativ einfach beantworten: Hier wird der Leistungsbegriff ausschließlich mit Schule verbunden und – noch eine Kategorie enger gefasst – unmittelbar an die schulischen Noten geknüpft.

Leistung als gesellschaftliches Phänomen

Welche Funktion hat die Schule für die Gesellschaft?

Auch außerhalb der Schule werden schulische Leistungen fast unmittelbar an die schulischen Noten geknüpft. Für die Gesellschaft hat die Schule eine fünffache Funktion:

1. Die *Qualifikationsfunktion:* Noten sollen eindeutig, nachvollziehbar und objektivierbar den Leistungsstand der/des zu Beurteilenden unter speziellen, genau definierten Aspekten dokumentieren und der/dem zu Beurteilenden selbst eindeutige Kriterien liefern. Unter diesem Aspekt ist Leistungsbewertung also ein Teil der kritischen Selbsteinschätzung. In der Konsequenz für den zukünftigen Unterricht müssten sich Lernende also die Frage stellen: Wie komme ich zu einer realistischen Selbsteinschätzung?
2. Die *Selektionsfunktion:* Die Schule ist in unserer freien Leistungsgesellschaft der Ort, an dem für die jungen Menschen die Sozialchancen für

das weitere Leben primär vergeben werden – diese manchem Pädagogen schmerzhaft anmutende Bestimmung von Schule darf und kann nicht ignoriert werden. Ohne ein komplexes System von Leistungsmessungen und -bewertungen könnte Schule diesem gesellschaftlichen Auftrag nicht nachkommen. Die Selektionsfunktion generiert in der Praxis die Frage: Wie komme ich zu guten Noten? Sie kann kontraproduktiv wirken im Hinblick auf die Qualität der Selbsteinschätzung.

3. Die *Legitimationsfunktion:* Die beiden oben skizzierten Funktionen kann Schule nur dann erfüllen, wenn sowohl die betroffenen Schülerinnen und Schüler als auch die „abnehmende" Gesellschaft die Kriterien und die konkrete Durchführung der individuellen Leistungsbewertung als „gerecht" empfinden. Nur dann, wenn – ungeachtet aller, vielleicht „ungerechter" Details – alle die Maßstäbe für die Verteilung der Lebenschancen als angemessen und als fair begreifen, kann Schule ihren gesellschaftlichen Auftrag erfüllen.
4. Die *Informationsfunktion:* Leistungsbeurteilungen geben den ausbildenden Betrieben, den weiterführenden Schulen und den Hochschulen Informationen über Ausbildungs- und Leistungsstände der sich Bewerbenden. Noten haben allerdings einen geringen Informationswert über vorhandene Kompetenzen, vielmehr signalisieren sie den Platz in einer Rangfolge. Das ist ein besonderes Problem für weiterführende Schulen, wenn sie lern- oder leistungsschwache Lernende aufnehmen müssen (Berufsvorbereitungsklassen oder Berufsgrundbildungsklassen). Diese Schülerinnen und Schüler haben in der Regel Probleme, ihre Kompetenzen zu präsentieren, nicht zuletzt deshalb, weil sie ein diffuses Selbstbild mitbringen.
5. Die *Sozialisierungsfunktion:* Schule vermittelt die Existenz und Gültigkeit von Leistungsnormen. Diese können sich von den gültigen Normen in der Familie, im Freundeskreis etc. erheblich unterscheiden. Andererseits können gleiche Leistungen in unterschiedlichen Bereichen unterschiedlich bewertet werden: Hilfsbereitschaft zählt im Freundeskreis viel, in der Schule geht es (bisher) mehr um den Nachweis individueller Leistungsfähigkeit. Anstrengungsbereitschaft zählt in der Schule mehr als emotionale Zuwendung; gute Leistungen in Mathematik sagen nichts über den Status in der Freundesgruppe aus.

Am ehesten lassen sich Leistungsnormen in der Schule mit denen der Arbeitswelt verbinden. Insofern sozialisiert die Schule nicht nur mit Blick auf die Leistungen allgemein, sondern auch mit Blick auf die Anforderungen in der Arbeitswelt. Das gelingt umso eher, wenn auch die sogenannten Sekundärtugenden in unterschiedlichen Formen zum Tragen kommen. In Projekten und anderen kooperativen Arrangements lassen sich Sinn und Wirksamkeit erfahren. Deshalb ist es so wichtig, dass z. B. Projekte nicht von der Leistungsorientierung freigemacht bzw. von der Leistungsidee abgekoppelt werden.

Leistung als pädagogisches Phänomen

Im 19. Jahrhundert bildete sich ein Leistungsbegriff in den Schulen aus, der sich an überprüfbarem Wissen und Können orientierte. Damit sollten die Voraussetzungen für die weiterführenden Schulen gesichert sein. Die unterschiedlichen Fächer und ihre fachspezifischen Anforderungen prägen diesen Leistungsbegriff. Mithilfe von Tests oder Klassenarbeiten werden die individuellen Leistungen gemessen und bewertet (zensiert). Die nachweisbaren Ergebnisse – die Produkte – stellen die schulische Leistung dar.

Dagegen wird in der Reformpädagogik Anfang des 20. Jahrhunderts ein Leistungsbegriff in den Vordergrund gerückt, der sich an der individuellen Lern- und Entwicklungsmöglichkeit der Schülerinnen und Schüler orientiert: Ausgehend von der Chancenungleichheit der Lernenden und den fehlenden Kriterien und Maßstäben zur Leistungserfassung und -messung entwickeln z. B. Maria Montessori, Celestin Freinet und Peter Petersen eine ganzheitliche, am jeweiligen Individuum orientierte Sichtweise, die sich mit der Leistungsmessung durch schlichte Benotung nicht verträgt.

Pädagogische Dimensionen der Leistungsbewertung

Heute versuchen wir, diese beiden Leistungsbegriffe miteinander zu verbinden. Dabei haben sich in der neueren Diskussion über die pädagogischen Dimensionen der Leistungsbewertung einige Eckpunkte herauskristallisiert:

- Leistung ist nicht „frei" feststellbar; der die Leistung Beurteilende setzt immer Normen und Schwerpunkte.
- Leistung bedarf nicht nur der Fremdbeurteilung (durch die Lehrperson), sondern auch der Selbstbeurteilung – nur so können die je eigene Leistungsfähigkeit realistisch eingeschätzt, neue Lernsituationen angemessen antizipiert und damit letztlich selbstständig und selbstbewusst bewältigt werden.
- Leistung ist subjektbezogen, d. h., alle objektivierbaren, testtheoretisch orientierten Verfahrensweisen messen die je spezifisch individuellen Leistungen immer weniger, je mehr sie sich entindividualisierten, objektivierten Kriterien nähern. Ein allgemeiner Beobachtungsbogen, der für alle Schülerinnen und Schüler der BRD entwickelt würde, müsste notwendigerweise sehr abstrakt sein, wäre zwar scheinbar extrem objektiv,

könnte aber die konkrete Individualität jeder/jedes einzelnen Lernenden nur mit Blick auf die Ausfüllung der Kriterien erfassen. Wollte er die Individualität insgesamt erfassen, müsste er verändert, angepasst, spezifiziert werden, und genau dann ginge die ganze „Objektivität" wieder verloren.

- Leistung ist wesentlich auch prozessorientiert. Alle traditionellen Formen der Leistungsbewertung haben ausschließlich das Produkt im Auge; die Beurteilung des (Lern-)Prozesses, der zu diesem Produkt geführt hat, bleibt außerhalb des Wahrnehmungshorizontes. Diese ist mittlerweile auch in den Fokus der Bildungspolitiker geraten. Im neuen niedersächsischen Organisationserlass für die Sekundarstufe I aus dem Jahr 2004 findet sich die Forderung, die Leistungsbewertung dürfe sich nicht in der punktuellen Leistungsmessung erschöpfen, sondern müsse den Ablauf des Lernprozesses einbeziehen. Die Konsequenzen sind nicht immer klar und eindeutig. Wird das gleiche Ergebnis unterschiedlich oder werden Teilergebnisse getrennt bewertet?

Die *pädagogische Funktion der Leistungsbewertung* unterscheidet sich daher zum Teil erheblich von ihrer gesellschaftlichen Aufgabe und psychologischen Funktion:

Die *Qualifikationsfunktion* erfüllt auch unter dem pädagogischen Aspekt die gleiche Funktion wie oben skizziert. Zeugnisse sind für die Lernenden in erster Linie Rückmeldungen über den erreichten Leistungsstand.

Zwei ganz wesentlich komplexere Funktionen, die der Selektionsfunktion in der Praxis oft diametral widersprechen, hat die Leistungsmessung aber unter dem pädagogischen Aspekt: die der *Lerndiagnose* und der *Lernberatung*. Dahinter steht das Konzept der individuellen Förderung, also die Vorstellung, dass man nicht alle Lernenden „über einen Kamm scheren" kann.

Die *Berichtfunktion* gilt für Lernende, Eltern und Lehrpersonen: Die/der Lernende erhält Informationen über die eigene Lernentwicklung, Lernfortschritte, Lernerfolge und Leistungsstände, sie/er wird aber gleichzeitig auch mit seinen Mitschülerinnen und -schülern verglichen. Die Lehrperson erhält Informationen zur Wirksamkeit ihres Unterrichts und über die Lernstände der Lernenden. Die Eltern werden darüber informiert.

Die *Motivations- und Förderungsfunktion* ist ambivalent: Lernende werden durch Leistungsbeurteilung nicht nur motiviert, sich mit bestimmten Lerninhalten zu beschäftigen, sondern sie können so auch individuell gefördert werden. Andererseits muss eine sehr wichtige Einschränkung gemacht werden: Da Leistungsbeurteilung immer auch eine selektive Wirkung hat, können Schülerinnen und Schüler dann, wenn sie nicht die gewünschte Leistung erbringen, sehr leicht demotiviert und blockiert werden! Wir sind daher der Meinung, dass es im Lernprozess immer auch beurteilungsfreie (Monitoring-)Phasen geben muss, und werden auf diesen Aspekt ausführlich später zu sprechen kommen.

Fazit

Der eng gefasste, auf das Endergebnis bezogene und mit testtheoretischen (Schein-)Vorgaben operierende Leistungsbegriff muss also um wesentliche Dimensionen erweitert werden. Der Prozess der Leistungsbewertung muss getragen werden von klaren Vereinbarungen zwischen Lehrpersonen und Lernenden sowie permanenter Reflexion der Leistungsnormen und der Kommunikation darüber.

Konsequenzen für die Praxis der schulischen Leistungsbewertung

Welche Fragen müssen Pädagogen beantworten, wenn sie als Lehrpersonen die Lernfortschritte, Lernergebnisse und Lernfähigkeiten ihrer Schülerinnen und Schüler messen?

1. Förderfunktion

(Anreize geben, zur Persönlichkeitsstärkung beitragen, zur Selbstdisziplin befähigen)

Wichtige Fragen für jede Lehrperson

Beschreibung:
- Welche Fortschritte gibt es?
- Welche Kenntnisse, Fertigkeiten und Fähigkeiten werden sicher beherrscht?

Bewertung:
- Welche Anerkennung, welche Kritik für Verhalten und Leistung ist angebracht?

Einstufung:
- In welchen Punkten ist die erwartete Leistung übertroffen, voll erreicht, teilweise erreicht, nicht erreicht?

Auswertung:
- Wie und wodurch kann der Schülerin/dem Schüler Anerkennung vermittelt, ein Ansporn gegeben werden?

2. Kontrollfunktion

(Arbeitsverhalten und Arbeitsergebnisse kontrollieren)

Beschreibung:
- Welche Unterrichtsziele sind wie weit erreicht?

Bewertung:
- Gehen unbefriedigende Lernergebnisse auf Fehler der Lehrperson, unzureichende Arbeitsleistung oder ungenügende Lernvoraussetzungen zurück?

Einstufung:
- Wie können die Kenntnisse, Fähigkeiten und Fertigkeiten eingestuft werden im Hinblick auf die Lerngruppe?

Auswertung:
- Wo können oder müssen spezielle Fördermaßnahmen ergriffen werden?

3. Berichtsfunktion
(Rückmeldungen an Lernende und Eltern)

Beschreibung:
- Welche Lernentwicklung ist zu beobachten?
- Woran muss die Schülerin/der Schüler verstärkt arbeiten?

Bewertung:
- Inwieweit sind die verlangten Wissens- und Könnenselemente fest verankert und jederzeit verfügbar?

Einstufung:
- Welches (Zwischen-)Zeugnis kann ausgestellt werden?
- Ist der Eintritt in die nächste Klasse oder Schulform zu empfehlen?

Auswertung:
- Wo ist die/der Lernende in Gefahr, den Anschluss zu verlieren?

4. Selektionsfunktion
(Platzierung, Schullaufbahnempfehlungen)

Beschreibung:
- Über welche, für die Schulform besonders wichtige Fähigkeit verfügt die/der Lernende?

Bewertung:
- Worauf gründet sich die Erwartung einer erfolgreichen Mitarbeit in der nächsten Klasse, Stufe oder Schulform?

Einstufung:
- Ist das Klassenziel in allen Fällen erreicht oder müssen Ausgleichsleistungen herangezogen werden?

Auswertung:
- Welche Wahlangebote sollte die/der Lernende wahrnehmen, zu welcher Wahl ist zu raten?

5. **Prognosefunktion**
(Einschätzung inner- und außerschulischen Verhaltens)
Beschreibung:
- Welche Einstellungen zur Gemeinschaft sind feststellbar?
- Welche Aktivitäten seitens der/des Lernenden gibt es?

Bewertung:
- Welcher Grad an Selbstständigkeit, welches Maß an Interesse und Lernenergie waren feststellbar?

Einstufung:
- Wo sind besonders aussichtsreiche Merkmale der Persönlichkeitsbildung zu berücksichtigen?

Auswertung:
- Welches Begabungs- und Fähigkeitsprofil deutet sich an?

2.3 Bezugsnormen der Leistungsbeurteilung

Welche Maßstäbe prägen das Urteil

Quer zu der in den letzten drei Unterkapiteln entwickelten Systematik der verschiedenen Inhaltsebenen liegt die Frage nach den Bezugsnormen jeder Leistungsbeurteilung, die vor einem resümierenden Fazit noch zu klären ist:

Leistung per se gibt es nicht. Leistungen müssen definiert werden und lassen sich je nach Situation immer nur in Bezug auf eine Norm bestimmen. Unterschiedliche Maßstäbe prägen das Urteil, ob etwas schlecht oder gut ist. Folgende drei Bezugsnormen bilden die möglichen normativen Grundlagen für die Bewertung von Leistungen.

Individualnorm – individuelle Bezugsnorm

Für und über einen bestimmten Zeitraum wird der individuelle Lernzuwachs einer/eines Lernenden erfasst. Individuelle Leistungen werden bewertet und geben der Schülerin/dem Schüler Rückmeldung über den persönlichen Lernstand. So kann die/der Lernende die Entwicklung des eigenen Lernfortschritts erfassen. In der Regel erfolgen diese Beurteilungen in Form von mündlichen Rückmeldungen oder durch Lernentwicklungsberichte (Grundschule, IGS, Waldorfschule …). Die/der Lernende wird nicht mit anderen verglichen und kann optimal im eigenen Lernverhalten bestätigt oder individuell gefördert werden. Fehler bieten eine Chance zum Lernen und zur Entwicklung neuer Lernstrategien, allerdings nur unter der Voraussetzung, dass Prozesse dokumentiert und reflektiert werden. Das Portfolio und das Lerntagebuch sind dazu geeignete Instrumente.

Sachnorm – kriteriumsorientierte Bezugsnorm

Die Beurteilungen der Lernleistungen nach Fach- und Sachaspekten sind gültiges Schulrecht. Die Lernziele der Unterrichtsfächer bilden die Grundlage der Zensierung. Entsprechend den Notenstufendefinitionen hat eine Schülerin/ein Schüler die Anforderungen erfüllt oder auch nicht. Die Noten beziehen sich (entsprechend den Rahmenrichtlinien und Schulcurricula) auf das Erreichen der fachspezifischen Lernziele. Soziale Lernziele werden bei der Zensierung nicht berücksichtigt.

Die Erweiterung der Lern- oder Kompetenzfelder hat den Begriff „Sachnorm" veralten lassen. Kriterien und Normen können auch aus sozialen oder methodischen Lernfeldern definiert werden. Für die Messung und Bewertung gibt es noch wenig Routine. Probleme bereiten insbesondere die klare Beschreibung der Leistung und deren Erfassung. Hier ist Entwicklungsbedarf und Unterstützung nötig.

Die Zensierung sollte unabhängig von Gruppenleistungen erfolgen. Sie gibt Rückmeldung darüber, ob eine Schülerin/ein Schüler die bisherigen Lernanstrengungen noch verbessern sollte oder nicht. Hier stellt sich die Frage, ob das wirklich mithilfe einer Notenskala angemessen gelingt. Vermutlich ist der Lernbericht die bessere Variante. Er generiert für die alltägliche Unterrichtspraxis die folgenden Fragen:

Lernbericht statt Ziffernnote

- Was soll geleistet werden?
- Warum soll es geleistet werden?
- Wie soll es geleistet werden?
- Wer muss was leisten?
- Welche Bezugsnorm gilt für die Bewertung?

Nur die erste und die letzte Frage besitzen Relevanz für die Notengebung – anders als beim Lernbericht. So wird deutlich, dass die Form der Beurteilung auf den Unterricht zurückwirkt.

Bisher galt als Stärke der Lehrpersonen die Orientierung an der Sachnorm. PISA hat gezeigt, dass gleiche Leistungen sehr unterschiedlich bewertet werden, selbst wenn man sie in der gleichen Schule misst. Die Fragen sind: Was führt dazu? Gehen andere Normen in die Bewertung ein oder sind die Messungen ungenau?

Sozialnorm – kollektive Bezugsnorm

Vierlinger (1999, 80) hat den Vorschlag gemacht, die soziale Norm als kollektive Norm zu bezeichnen, damit der positiv besetzte Ausdruck „sozial" von vornherein falsche Assoziationen vermeidet. Die schulischen Lernleistungen eines Einzelnen orientieren sich an den Leistungen einer Referenzgruppe. Sie werden innerhalb dieser Gruppe unter- und miteinander verglichen und bewertet. Im Regelfall bildet die eigene Klasse die Vergleichsgruppe bei der Notengebung. Die Schülerinnen und Schüler werden entsprechend ihrer erreichten Punktzahlen bei der Überprüfung in einer Rangreihe geordnet. Die Zuordnung von Noten zu einzelnen Punkten erfolgt dann in Anlehnung an die Gauß'sche Normalverteilung.

Viele Lernende, Eltern und Lehrpersonen empfinden diese Art der Beurteilung als gerecht – die meisten Lernenden befinden sich im Mittelbereich –, auch wenn z. B. der Lernfortschritt Lernschwächerer so nicht angemessen bewertet werden kann. Vorgegebene Standards und einheitliche Anforderungen werden nur teilweise berücksichtigt, da kein Vergleich mit anderen Lerngruppen erfolgt. Die Form der komparativen Leistungsbewertung steht allerdings zumindest teilweise im Widerspruch zu den schulischen Normen und Gesetzen – so verbieten es z. B. die niedersächsischen Durchführungsbestimmungen zur Abiturprüfung explizit, Leistungen von Schülerinnen/Schülern miteinander zu vergleichen (auch wenn zwei oder drei Lernende direkt nacheinander eine mündliche Prüfung zum selben Thema ableisten). Es gibt aber noch einen schwerwiegenden Grund gegen diese Form der Bewertung: Eine Schulklasse stellt nichts weiter als eine kleine, zufällig zusammengewürfelte Testgruppe dar, deren Zusammensetzung nicht für standardisierte Tests geeignet ist. Erst bei extremen Abweichungen von der Normalverteilung – zu viele Gute oder zu viele Schlechte – wird diese hinterfragt.

Deutlich zwischen Bezugsnormen trennen

Alle Bezugsnormen haben ihre Berechtigung. Was liegt näher, als sie alle zu berücksichtigen? Aber was so einfach klingt, lässt sich in der Praxis nur schwer umsetzen. Wir plädieren dafür, zwischen Bewertungen, die sich an der Sozialnorm, und Bewertungen, die sich an der Individualnorm orientieren, deutlicher zu trennen – sowohl was die Messung als auch was die Form der Beurteilung angeht.

2.4 Fehlerquellen bei der Bewertung

Jede Art von Wahrnehmung, von Bewusstwerdung und von Beurteilung hängt von vielen subjektiven Faktoren ab bzw. wird von den unbewussten Voreinstellungen und Erwartungen des Beobachtenden beeinflusst. Im privaten Bereich sind diese Verhaltensweisen sicherlich für viele Gesprächssituationen eher förderlich, verbessern sie doch die Spontaneität der Kommunikation untereinander. Bei der Leistungsbeurteilung sind gerade diese Merkmale eher von Nachteil. Sie haben wenig mit Objektivität oder Transparenz zu tun, werden der Leistungsbeurteilung nur in Teilbereichen gerecht und behindern die Vergleichbarkeit der Beurteilungen. G. Bovet und

V. Huwendiek haben in ihrem „Leitfaden Schulpraxis“ (1998/2020) aufgezeigt, welche subjektiven Fehlerquellen bei der Leistungsbeurteilung in der Schule auftreten können.

Subjektive Fehlerquellen

Der Einfluss von Vor- und Zusatzinformationen

Positive oder negative Zusatzinformationen – auch über außerschulische Bedingungen – beeinflussen die Beurteilung von schriftlichen und mündlichen Leistungen (Weiss 1971b), was Auswirkungen auf die alltägliche Benotungspraxis hat. Ein unauffälliger, stiller Schüler, über den die Lehrperson sonst wenig weiß, hat bei der Korrektur einer Arbeit wahrscheinlich deutlich „schlechtere Karten“ als ein sprachgewandter, in seiner Freizeit im Orchester spielender Schüler, dessen Schwester gerade einen Sportwettbewerb gewonnen hat, wie in der Zeitung zu lesen war.

Der Einfluss von Sympathie und Geschlecht

Objektiv gleiche Leistungen von Mädchen werden günstiger benotet als die von Jungen – und zwar von Lehrern wie von Lehrerinnen! In Befragungen geben beide Gruppen an, Mädchen im Vergleich zu Jungen als fleißiger, angepasster, ordentlicher etc. wahrzunehmen. Untersuchungen haben gezeigt, dass zahlreiche Lehrpersonen diejenigen Schülerinnen und Schüler günstiger beurteilen, die ihnen sympathisch sind, aber es gab auch viele Lehrpersonen, die in dieser Hinsicht völlig immun waren.

Der Einfluss von subjektiven Theorien

Die subjektiven, berufsbezogenen Theorien einer Lehrperson leiten in hohem Maße ihr Handeln; ausgeprägte Grundüberzeugungen beeinflussen die Wahrnehmung und Einschätzung von Schülerleistungen. Denn die allgemeine Tatsache, dass man vornehmlich das wahrnimmt, was man wahrzunehmen erwartet, führt häufig zu Beobachtungsverzerrungen und -einseitigkeiten.

Halo-Effekt und logischer Fehler

Allgemeineindrücke oder hervorstechende Merkmale können die Wahrnehmung einzelner, nicht direkt beobachtbarer Merkmale bestimmen. Höfliches Auftreten, ordentliche Kleidung, saubere Heftführung und angemessenes Sprachverhalten führen zu einem gesamtordentlichen Eindruck einer Schülerin oder eines Schülers. Es besteht aber die Gefahr, dass sie/er bessere

Leistungsbeurteilungen erhält, als sie/er es eigentlich verdient hätte. Ähnlich wirkt mitunter auch der Ruf, der einer/einem Lernenden vorauseilt.

Voreilige Schlussfolgerungen werden von einem Leistungsmerkmal auf ein anderes geschlossen, das als quasi logisch mit dem beobachteten verbunden angenommen wird (logischer Fehler). Erbringt z. B. ein Schüler vorzügliche Leistungen in Mathematik, wird leicht angenommen, dass seine Leistungen auch im Fach Physik sehr gut sein müssen. Ähnlich wird nicht selten von einer vorzüglichen Gedächtnisleistung auf ein entsprechend hohes Maß an Verständnis geschlossen.

Stabile Urteilstendenzen

- Gute und sehr gute Noten werden selten benutzt. Es besteht die Neigung, kleinere Mängel relativ stark zu gewichten und vorwiegend negative Urteile abzugeben und schlechte Noten zu erteilen. (Strengefehler)
- Es werden hauptsächlich gute Noten und günstige Beurteilungen vergeben. (Mildefehler)
- Die Scheu vor extremen Urteilen führt zur Häufung von mittleren Urteilen und durchschnittlichen Noten. (Tendenz zur Mitte)
- Es kommt relativ selten zu mittleren Urteilen und durchschnittlichen Noten, sondern häufig zu überzogenen extremen Urteilen. (Tendenz zu Extremurteilen)

Reihenfolgeneffekte

Reihenfolgen- und Positionsfehler ergeben sich aufgrund vorangehender Urteile oder wenn mehrere Beurteilungen nacheinander durchgeführt werden. Eine durchschnittliche Leistung wird beispielsweise oft besser beurteilt, wenn direkt vorher eine sehr mäßige zu bewerten war; eine Leistung wird leicht schlechter beurteilt, wenn ihr eine besonders gute voranging.

2.5 Erweiterung des Lern- und Leistungsbegriffs

Was kann eine neue Kultur der Leistungsbeurteilung nicht leisten? Zwei wesentliche Aspekte sollten zumindest genannt werden:

Grenzen der neuen Kultur der Leistungsbewertung

1. Die Widersprüchlichkeit zwischen den Polen Selektion und Förderung, die die Schule strukturell kennzeichnet, lässt sich über die Leistungsbewertung nicht aufheben.
2. Intersubjektivität garantiert nicht absolute Gerechtigkeit.

Die Entwicklung muss auf die Interaktion und deren qualitative Umsetzung setzen. In den schülerorientierten Formen der Leistungsbeurteilung sind Konflikte nicht zu vermeiden. Sollten sie auch nicht, denn sie zeigen Unterschiede an, die sonst oft nicht wahrgenommen würden. So erhöht sich die Komplexität einer nicht immer bis ins Letzte planbaren Situation, in der sich Lehrpersonen wie Lernende bewähren können, für die aber größtenteils noch Routinen geschaffen werden müssen, um unnötige Aufgeregtheiten vermeiden zu können. Diese Routinen können sich mit Blick auf Vorbereitung, Durchführung und Reflexion der Interaktion herausbilden.

Die im Folgenden skizzierten Überlegungen haben große Nähe zu Evaluationsverfahren, die ein wesentliches Element von Schulentwicklung sind. Selbstevaluation hat darin einen zentralen Stellenwert. Die Erfahrungen damit auf die Leistungsbeurteilung zu übertragen, kann diese voranbringen. Die bisherige Bewertungspraxis in der Schule zeigt eindeutig, dass in erster Linie die Konzentration auf dem inhaltlich-fachlichen Lernbereich liegt – und das ist kein Zufall, denn dieser kann mit den traditionellen Bewertungsformen wie Tests, Klassenarbeiten und Klausuren, Referaten, Beteiligungsnoten etc. beurteilt werden. Die anderen Lernbereiche aber sind mit diesen Bewertungsmodalitäten nicht oder nur unzureichend erfassbar. Daher benötigen Schulen neue Formen der Leistungsbewertung, die über den sachlich-inhaltlichen Lernbereich hinausgehen und sowohl den methodischen als auch den sozialen und den persönlichen Lernbereich erfassen.

Die Dimensionen des Lern- und Leistungsbegriffs

Hinter dieser Forderung steht die inzwischen auch auf der Ebene der Kultusbürokratien nicht mehr angezweifelte Erkenntnis, dass Schule in Zukunft mit einem weiter gefassten Lern- und damit auch Leistungsbegriff operieren muss, dessen Dimensionen in der folgenden Übersicht skizziert werden (LISUM Brandenburg 2005):

Inhaltlich-fachlicher Lernbereich	Methodisch-strategischer Lernbereich	Sozial-kommunikativer Lernbereich	Persönlicher Lernbereich
Wissen, kennen, beherrschen, anwenden können	Aus Materialien Informationen entnehmen, exzerpieren, strukturieren, ordnen	Zuhören, argumentieren, fragen, kooperieren	Ein realistisches Eigenbild entwickeln und Selbstvertrauen gewinnen
Verstehen, übertragen, erschließen, sich selbstständig auseinandersetzen, ordnen, übertragen, transferieren	Lern- und Arbeitsprozesse planen, organisieren, gestalten, Arbeitsdisziplin wahren, Ordnung halten	Sich in andere einfühlen, Signale wahrnehmen, integrieren, Konflikte lösen	Die Fähigkeit zum Engagement entwickeln, (Selbst-)Kritikfähigkeit aufbauen

Inhaltlich-fachlicher Lernbereich	Methodisch-strategischer Lernbereich	Sozial-kommunikativer Lernbereich	Persönlicher Lernbereich
Urteilen, begründen, reflektieren, problematisieren, erörtern	Entscheidungen treffen	Ergebnisse oder Prozesse präsentieren, Diskussionen und Gespräche leiten	Werthaltungen entwickeln

Diese vier Dimensionen des Leistungsbegriffes sind zunächst einmal als analytische Kategorien zu verstehen, d.h., sie lassen sich nicht einfach während des Unterrichts beobachten und zu einem Gesamtbild addieren, sondern verstehen sich in der Praxis als organische Einheit, die sinnvoll nur an den Kompetenzbegriff zu binden ist. Leistungen lassen sich am ehesten durch die Aufgaben voneinander unterscheiden, die eine Schülerin oder ein Schüler zu lösen imstande ist.

Wenn Leistungsbewertung sich an einem erweiterten Leistungsbegriff orientieren will, müssen auch methodisch-strategische sowie soziale und personale Kompetenzen in den Aufgaben explizit gefordert werden und in der Beschreibung der Bewertungskategorien enthalten sein. Diesen Zusammenhang stellt auch das LISUM her:

> *Die schulische Leistungsrückmeldung bedarf der dringenden Ergänzung um solche Bewertungsformen, die die Überprüfung der erreichten Fachkompetenz mit der Beurteilung der methodischen, sozialen und personalen Kompetenz in vielfältigen Unterrichtssituationen verbinden. Diese Forderung führt u.a. dazu, dass die schriftlichen Verfahren zur Überprüfung von Kenntnissen, Fähigkeiten und Fertigkeiten noch konsequenter um Möglichkeiten zur Überprüfung mündlicher Leistungen, sozialer Kompetenzen, der Beherrschung grundlegender Arbeitstechniken und Lernstrategien erweitert werden. Methoden der Selbstbeobachtung und Selbsteinschätzung gewinnen an Bedeutung.*
>
> *(LISUM Brandenburg 2005)*

Explizit fordern bedeutet, dass das Vorgehen der Lernenden in der Bearbeitung einer Aufgabe als Ergebnis einer Entscheidung erkennbar gemacht und mit Blick auf die Effektivität von den Lernenden bewertet wird.

In der folgenden Übersicht des LISUMs (Landesinstitut für Schule und Medien Brandenburg) werden die Zusammenhänge der Leistungsermittlung in Bezug auf die schulischen Leistungen und das Feedback der Lehrperson differenziert dargestellt und unsere Gedanken noch einmal grafisch systematisiert (LISUM 2005).

Umgang mit Leistungen

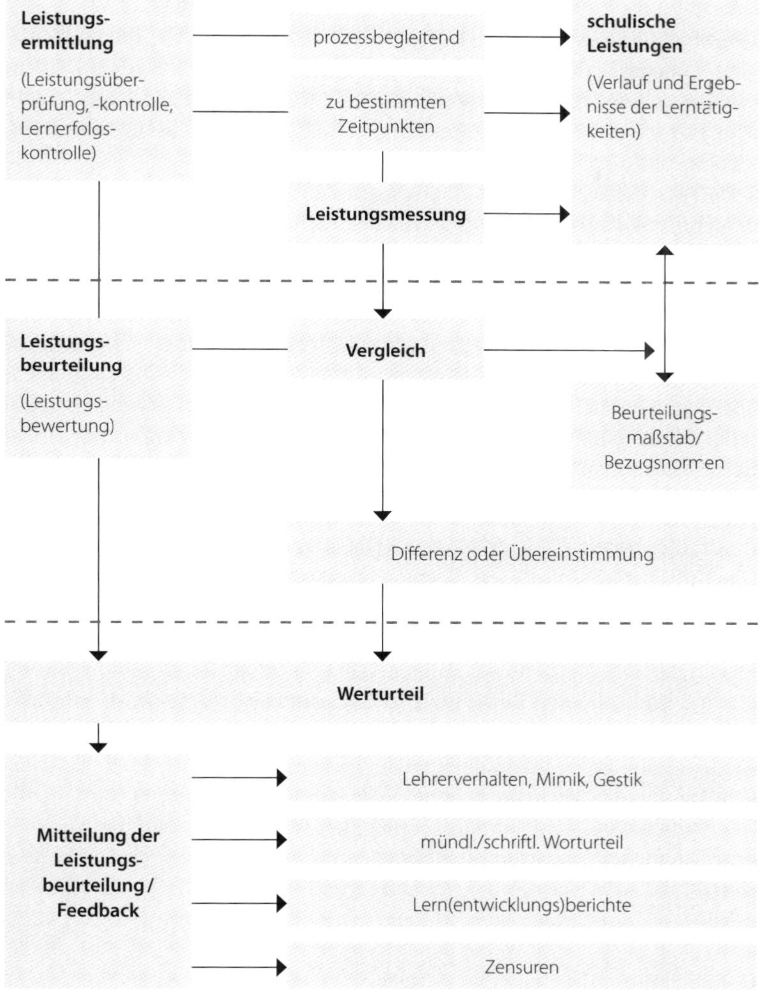

(LISUM 2005)

2.6 Neue Kriterien für Beurteilungen

Grundlegende Ansprüche an die Leistungsbewertung

Objektivität (viele Wissenschaftler sprechen heute lieber von „Intersubjektivität“) bedeutet, dass verschiedene Bewerter unabhängig voneinander zum exakt gleichen Ergebnis kommen. Was für wissenschaftliche Experimente aber wünschenswert und notwendig sein mag, ist für schulische Bewertung nicht so ohne Weiteres postulierbar!

HELMKE (2003, 87) betont, dass Objektivität nicht automatisch gleichbedeutend mit Korrektheit und sachlicher Richtigkeit sei. Es gebe auch die Möglichkeit kollektiven Irrtums, z. B. wenn bei der Beurteilung der Intelligenz einer Schülerin oder eines Schülers das Merkmal ‚Intelligenz‘ mit ‚Kreativität‘ verwechselt wird. Ziel schulischer Leistungsbewertung kann nur sein, die unkontrollierte Subjektivität zugunsten einer kontrollierten und transparenten Leistungsbewertung möglichst weit zurückzudrängen. Dies kann geschehen durch eine möglichst präzise Formulierung von Kriterien, durch eindeutige Binnengewichtungen und rechtzeitig vorher diskutierte Musterlösungen oder Erwartungshorizonte – auch und gerade bei offenen Aufgabenstellungen wie bei Deutschaufsätzen.

Möglichst objektiv und zuverlässig

Reliabilität bedeutet Zuverlässigkeit. Die angewendeten Beurteilungskriterien und -verfahren müssen die zu beurteilenden Merkmale auch wirklich korrekt messen – und nicht etwas ganz anderes (vgl. Kapitel 2.4 über Fehlerquellen, siehe S. 37 ff.). Die Reliabilitätskontrolle, wie sie die Wissenschaft fordert, ist aber leider im schulischen Alltag recht aufwändig und z. B. eine erneute Kontrolle und Bewertung von Klassenarbeiten einige Monate später, wie sie HELMKE im Folgenden vorschlägt, kaum zu realisieren:

> *Reliabel ist ein Urteil dann, wenn es sich – vorausgesetzt, das zu beurteilende Schülermerkmal bzw. die Schülerleistung ist im Zeitverlauf stabil geblieben – bei wiederholten Beurteilungen nicht ändert. Probe aufs Exempel: wiederholte Korrektur und Bewertung der gleichen Serie von Arbeiten (Aufsätze, Klassenarbeiten, Hausarbeiten) einige Monate später.* (HELMKE 2003/2012, 87)

Dennoch muss als ernsthafter Anspruch an jeden einzelnen Leistungsmessungsprozess die Frage gestellt werden, ob die gewählten Verfahren sachangemessen sind und wirklich das messen, was gemessen werden soll. Dabei gilt der Grundsatz, dass die Anzahl der unabhängig voneinander gestellten Einzelaufgaben zu einem bestimmten Lernziel oder -bereich die Reliabilität erhöht. H.-G. WENGERT gibt dazu ein gutes Beispiel:

Wenn ein Deutschlehrer überprüfen will, ob seine Schüler verlässlich zwischen ‚das' und ‚dass' unterscheiden können, ist ein herkömmliches Diktat, in dem diese Unterscheidung nur drei- oder viermal getroffen werden muss, weniger reliabel als ein Lückentext, in dem die Schüler an 15–20 Stellen ihre Entscheidung eintragen müssen. (WENGERT 1989, 282)

Validität bedeutet Gültigkeit: Ein Untersuchungsverfahren ist dann gültig, wenn es den zu messenden Gegenstand exakt misst und nichts anderes und sich das Urteil auch tatsächlich auf die Leistung bezieht, die gemessen werden sollte. Wenn eine Lehrperson z. B. Klassenarbeiten so mit Stoff überlädt, dass ein guter Teil der Lerngruppe es einfach nicht schafft, alle Aufgaben in der vorgegebenen Zeit zu bearbeiten, wird ein wesentlicher Bestandteil der zu erbringenden Leistung völlig fachfremd sein – es geht dann nämlich nicht mehr nur um z. B. das Lösen von quadratischen Gleichungen, sondern genauso um Schnelligkeit! Das eigentlich beabsichtigte Testziel – die Überprüfung des Lernstandes der Lernenden – wird so verfälscht. In den folgenden Abschnitten werden wir die Möglichkeiten erläutern, Validität durch gemeinsame Absprachen und „Arbeitsbündnisse" innerhalb der Schule herzustellen bzw. zu verbessern.

Wie kann man gültige Untersuchungsverfahren entwickeln

Entwicklung von Gütekriterien für Beurteilungen

Unterrichtsverfahren, -methoden und -arrangements, die prozessorientiert die drei „neuen" Aspekte (methodisch-strategisch, sozial-kommunikativ, persönlich) der Leistungsbeurteilung integrieren wollen, sind per se (ergebnis-)offener und flexibler als traditionelle Lehr-/Lern-Arrangements. Dies bedeutet aber auch zwingend:

- Die Normen und Standards der Leistungsbewertung dürfen nicht a priori festgesetzt werden, sondern können (bzw. müssen) sich mit dem Lern- und Arbeitsprozess ändern, wenn sie sich im Laufe des Beurteilungsverfahrens als nicht brauchbar erweisen. Je offener die gewählte Unterrichtsform, desto gewichtiger diese Flexibilität, z. B. im projektorientierten Unterricht.
- Diese Normen und Standards müssen selber immer kritisch beleuchtet und reflektiert werden, also selbst Gegenstand des Unterrichts und – last, but not least – schulischer Absprachen, Konferenzbeschlüsse etc. werden.

Nicht nur die Lehrperson bzw. die Schule gibt die Maßstäbe des Beurteilungsverfahrens vor, sondern diese werden in einem gemeinsamen, dialogischen Prozess immer wieder überarbeitet, *kommunikativ validiert*. Widerspruch und Kritik der Schülerinnen und Schüler sind also nicht als Störquelle, sondern im Gegenteil als Möglichkeit und Chance zu verstehen, zu gemeinsamen Kriterien zu gelangen. Das kostet Zeit, denn die konkrete unterrichtliche Sach- oder Handlungsebene muss immer wieder verlassen werden, um darüber reflektieren zu können. Insbesondere dann, wenn aus der Reflexion erkennbar Konsequenzen für die folgenden Handlungsphasen gezogen werden, wird dieser Zeitverlust mehr als wieder aufgewogen.

Es gibt einen Gewinn von *Transparenz* der Schülerinnen und Schüler ihren eigenen Leistungen gegenüber, aber auch der Lehrpersonen im Kontakt zu Eltern, Kollegen und der Aufsichtsbehörde.

Kommunikative Validierung in der Schule

Beide Schlussfolgerungen, die wir eben skizziert haben, können auch von einer einzelnen Lehrkraft gezogen und in die Praxis umgesetzt werden, wozu wir an dieser Stelle alle Kollegen ausdrücklich ermuntern möchten. Aber einfacher geht es doch immer im Team – und das muss ja nicht gleich ein Gesamtkonferenzbeschluss der Schule sein. Absprachen und Aktivitäten können auf unterschiedlichen Ebenen stattfinden: gemeinsam im Fach, in einer Jahrgangsstufe, zwei oder mehr Parallelklassen in einem oder mehreren Fächern etc. Je mehr eine Schule sich dem je schulspezifischen Schulentwicklungsprogramm verschreibt, desto breiteren Raum werden diese Formen von kommunikativer Validierung auch der Leistungsbeurteilung einnehmen (müssen), und desto entlasteter (auch gegenüber Eltern und Schulaufsicht) kann die einzelne Lehrperson diese neuen Formen der Bewertung praktizieren.

Kommunikative Validierung zwischen Lernenden und Lehrpersonen

Die in den oben angesprochenen Metaphasen zu treffenden Vereinbarungen sind selbstredend nicht das Produkt von völlig gleichberechtigten Partnern. Den letztendlichen Zwang zur Notengebung und damit auch zur Zuweisung von Sozialchancen kann auch die kommunikative Validierung von Leistungsnormen nicht abschaffen. Diese Metaphasen sind also nicht durch die symmetrische Kommunikation gleichberechtigter Partner gekennzeichnet. Dennoch gibt es eindeutig benennbare *Gütekriterien für die Reflexionsphasen.* H.-U. Grunder und Th. Bohl (2001, 46) nennen fünf:

1. *Information und Diskussion des konkreten Beurteilungsverfahrens:* In der Regel werden Lehrpersonen ihre Überlegungen hinsichtlich Verfahren und Kriterien der Beurteilung vorstellen. Diese Überlegungen, die nun

vor einer konkreten Anwendung stehen, werden detailliert erläutert und gemeinsam diskutiert.

2. *Offenheit für Änderungen:* Änderungsvorschläge und Verbesserungen, die aufgrund dieser Diskussion entstehen, sind soweit wie möglich einzuarbeiten.
3. *Beteiligung:* Bei zunehmender Erfahrung und mit zunehmendem Alter können Schülerinnen und Schüler selbst bei der Erstellung der Kriterien mitwirken und Beurteilungen durchführen, z. B. mittels Beobachtungen oder als Schülermitbeurteilung.
4. *Detailverständnis:* Lernende müssen im Detail verstehen, welche Leistung sie erbringen müssen, um die einzelnen Beurteilungskriterien zu erfüllen. Dies setzt detaillierte Überlegungen der Lehrkraft voraus, wie die jeweiligen Kriterien feststellbar sind, wie sie bewertet werden und ob sie für Schülerinnen und Schüler verständlich (formuliert) sind, also ihren sprachlichen Möglichkeiten entsprechen.
5. *Reflexion:* Während des Unterrichts- und Beurteilungsprozesses werden immer wieder Reflexionsphasen eingefügt, sodass regelmäßig und gemeinsam über diesen Prozess nachgedacht und reflektiert werden kann. Unklarheiten können dann beseitigt, notwendige Veränderungen eingebracht und Erkenntnisfortschritte ermöglicht werden.

2.7 Beobachten als Bewertungsgrundlage von Lernkompetenzen

Wer sehen kann, der kann auch beobachten. Das ist nicht nur eine landläufige Haltung, sondern eine besonders ausgeprägte in der Lehrerschaft. Natürlich ist die Wahrnehmung im Laufe der Berufspraxis an den Erfordernissen der Arbeit gewachsen, schärfer geworden. Ob sie allerdings offener geworden ist, darf in Frage gestellt werden, gilt es doch im Regelfall, die Vielzahl der Informationen im Unterricht zu begrenzen und zu strukturieren, ohne lange darüber nachdenken zu müssen. Dass unser Augenmerk dabei z. B. mehr den Fehlern als den positiven Leistungen gewidmet ist, lässt sich leicht ermessen, wenn man bedenkt, dass die Zahl der Fehler bzw. der Fehlleistungen der quantifizierbare Faktor in der Leistungsbewertung ist, der am leichtesten nachzuweisen ist. Die Folge ist eine Defizitorientierung in der Praxis, die im offenen Unterricht allerdings aufgebrochen werden soll. Das Bewusstsein von Stärken und bewusste Einsetzen zum Erreichen vorher selbst mitbestimmter Ziele kennzeichnet den offenen Unterricht. Um diese Lernkultur in die Kultur der Beurteilung einmünden zu lassen, sollte auch die Wahrnehmung eine Umorientierung erfahren.

Raster helfen bei der Gliederung des zu beobachtenden Prozesses

Hilfestellungen für die Strukturierung von Beobachtungen wollen Raster geben, die den Beobachtungsgegenstand in Kriterien aufgliedern, die in der Beurteilung eine Gewichtung erfahren müssen, um zu einer Gesamtnote zu kommen. Die folgenden Beobachtungs- und Bewertungskriterien sind nach ihrem Anspruchsniveau geordnet: Am Beginn stehen die eher einfachen „Basisqualifikationen", dann folgen die komplexeren und anspruchsvolleren weitergehenden Fähigkeiten. Diese Systematik versteht sich aber ausschließlich sachlogisch und nicht etwa altersspezifisch, d. h., alle Kriterien können und sollen – natürlich altersgemäß – für alle Altersstufen gültig sein und erreicht werden!

Lernverhalten

Nicht nur in den unteren Klassen wird sich positives Lernverhalten zunächst einmal in der *Wahrnehmungsfähigkeit* äußern: Nimmt eine Schülerin/ein Schüler z. B. Veränderungen in seiner unmittelbaren Umgebung wahr, wie detailgenau kann sie/er Bilder oder Gegenstände beschreiben, wie schnell und präzise entdeckt sie/er Fehler, Unterschiede oder Gemeinsamkeiten beim Vergleich von Bildern, Texten, mathematischen Reihen?

Auf der Wahrnehmungsfähigkeit baut die *Wiedergabefähigkeit* auf: Kann die/der Lernende mit zunehmendem Alter immer komplexer werdende Sachverhalte, Abläufe, Strukturen, Versuchsaufbauten, Texte etc. lückenlos wiedergeben und beschreiben, bemerkt sie/er Fehler bzw. Fehlendes bei den Beiträgen der Mitschülerinnen und Mitschüler, hat er ein gutes Erinnerungsvermögen (auch an weit früher Gelerntes)?

Eng verknüpft mit der Wiedergabefähigkeit ist das *Ausdrucksvermögen* (das natürlich auch unmittelbar in die Fachnoten zumindest der sprachlich orientierten Fächer eingeht): Verfügt die/der Lernende über einen großen Wortschatz und körperliches Ausdrucksvermögen, kann sie/er anschaulich erklären und Aussagen anderen verständlich machen?

Das nächste Beobachtungs- und Bewertungskriterium ist die *Transfer- oder Übertragungsfähigkeit:* Ist die/der Lernende in der Lage, Bekanntes auf Unbekanntes zu übertragen, indem sie/er z. B. neue, aber strukturgleiche Aufgaben oder Aufgaben mit gleichartiger Problemstellung selbstständig löst, kann sie/er sich problemlos umstellen von vertrauten Vorgaben auf neue Bedingungen, überträgt sie/er gelernte Regeln auf neue Sachverhalte bzw. ist sie/er in der Lage, Bekanntes unter neuen Perspektiven zu sehen?

Die anspruchsvollste Ebene in Bezug auf das Lernverhalten bildet die *Auffassungs- und Beurteilungsfähigkeit:* Erkennt die/der Lernende schnell das Wesentliche, die Grundzüge in einer bestimmten Unterrichtssituation, erfasst sie/er die Zusammenhänge und logischen Verknüpfungen, ist die Auffassungsfähigkeit von der Art der medialen Präsentation unabhängig, erfasst sie/er simultan komplexe Prozesse? Die Beurteilungsfähigkeit zeigt sich in folgenden Qualifikationen: Kann die/der Lernende zwischen Darstellung und Kritik eines Sachverhaltes unterscheiden, bemüht sie/er sich um eine möglichst breite Informationsgrundlage vor der Abgabe des eigenen Urteils, erkennt sie/er Widersprüchlichkeiten in (auch den eigenen) Schlussfolgerungen, hinterfragt sie/er andere Ansichten, Lösungsvorschläge, Anweisungen, Ursachenvermutungen, ist sie/er in der Lage, Konsequenzen eines Urteils abzuschätzen?

Praktisch quer zur übrigen Systematik dieses Abschnittes (und für die einzelnen Schulfächer von ausgesprochen unterschiedlicher Bedeutung) ist das Kriterium *praktisches, psychomotorisches Geschick:* Kann die/der Lernende Bewegungen gut koordinieren, besitzt sie/er manuelle und feinmotorische Geschicklichkeit, hat sie/er ein ausgeprägtes Rhythmusgefühl? Hier sollte jede Lehrperson individuell für ihre Klasse oder Lerngruppe entscheiden, ob sie dieses Kriterium in die Beobachtung einbezieht.

Arbeitsverhalten

Bringt die/der Lernende *regelmäßig* alle pflichtgemäß erledigten Hausaufgaben und sonstigen Arbeitsmaterialien in die Schule mit, beginnt sie/er in der Schule selbstständig zu erledigende Aufgaben ohne Umschweife, arbeitet sie/er sorgfältig, zielgerichtet und präzise?

Zweiter Beobachtungs- und Beurteilungsschwerpunkt ist die eigene *Arbeitsorganisation:* Gliedert die Schülerin/der Schüler die (umfangreichen) Arbeiten sinnvoll, hat sie/er eine gute Zeiteinteilung, plant sie/er zunächst die anzugehende Arbeit und legt sie/er sich den möglichen Lösungsweg zurecht, vergleicht sie/er Aufgabenstellung und Resultat?

Hiermit eng verbunden ist das Kriterium *Konzentration und Ausdauer:* Arbeitet die Schülerin/der Schüler gleichmäßig über längere Zeit, verfügt sie/er über einen „langen Atem" bei anspruchsvollen Aufgaben, entwickelt sie/er eine hohe „Störresistenz"?

Das nächste anspruchsvolle Kriterium in der Hierarchie ist *Sicherheit und Selbstständigkeit:* Arbeitet die/der Lernende selbstständig auch ohne Kontrolle oder Bestätigungen durch die Lehrperson, kann sie/er die eigene Arbeit eigenständig planen und durchführen, weiß sie/er sich angesichts auftauchender Probleme selber zu helfen bzw. zu improvisieren, beschafft sie/er sich bei Bedarf eigenständig weitere Informationen, kann sie/er die Qualität der eigenen Arbeit realistisch einschätzen?

Schließlich kann noch das *Interesse und Engagement* bewertet werden: Übernimmt die/der Lernende freiwillig Arbeit und ist sie/er immer bestrebt, das eigenen Wissen zu erweitern, entwickelt sie/er Eigeninitiative, macht sie/er vor der Klasse eigene Anregungen und Vorschläge, lässt sie/er sich durch Misserfolge nicht sofort demotivieren, ist sie/er also primär intrinsisch motiviert?

Sozialverhalten

Zunächst geht es schlicht um die *Hilfsbereitschaft:* Respektiert die/der Lernende die Wünsche, Bedürfnisse und Ansprüche der anderen und stellt sie/er die eigenen zumindest zeitweise zurück, hilft oder unterstützt sie/er andere, schützt sie/er Schwächere gegen Mitschülerinnen/Mitschüler oder Lehrpersonen, übernimmt sie/er freiwillig Aufgaben?

Zweites Kriterium ist die *Kontaktfähigkeit* – allerdings ist dieses Kriterium tückisch und mit Vorsicht anzuwenden, denn charakterlich bedingte Introvertiertheit ist keineswegs automatisch „schlechter" als Kontaktfreude! Der Beobachtende muss gerade unter diesem Aspekt sich also quasi auf die Ebene der jeweiligen „genetischen Konditionierung" begeben und dementsprechend relativ werten: Findet die/der Lernende leicht Kontakt, spricht oder spielt sie/er z. B. in den Pausen mit anderen, arbeitet sie/er häufig mit wechselnden Mitschülerinnen und Mitschülern, hat sie/er viele Freunde?

Soziale Sensibilität: Nimmt die/der Lernende Stimmungen in der Lerngruppe wahr und kann sie/er darauf angemessen reagieren, erkennt sie/er Bedürfnisse und Gefühle der Mitschülerinnen/Mitschüler, kann sie/er die eigenen Befindlichkeiten spontan äußern, entwickelt sie/er Empathie und Ambiguitätstoleranz, schätzt sie/er die eigene Stellung in der Klasse richtig ein?

Die drei noch folgenden Kriterien gelten heute als überaus wichtige „Schlüsselqualifikationen", nicht nur in der Schule, sondern auch in vielen Bereichen der Wirtschaft und des späteren Arbeitslebens.

In erster Linie ist dies die *Kooperations- und Integrationsfähigkeit:* Schätzt die/der Lernende die Partner- und Gruppenarbeit, ist sie/er bemüht, in der Gruppe alle Meinungen zu hören, hält sie/er sich – auch ohne Kontrolle – an vereinbarte Regeln, betrachtet sie/er auch gemeinsam erbrachte Gruppenleistungen als individuelle Bereicherung, ist sie/er auch zur Erledigung „undankbarer" Aufgaben bereit?

Konfliktfähigkeit (Bitte auf keinen Fall verwechseln mit Streitsucht): Geht die/der Lernende keinem notwendigen Konflikt aus dem Wege, sucht aber immer nach für alle fairen Lösungen? Fragt sie/er nach Konfliktursachen, ist sie/er nicht nachtragend, bietet sie/er sich zur Streitschlichtung bei Konflikten anderen an, ist sie/er auch als Angegriffener bereit, dem Gegenüber ein Stück weit entgegenzugehen?

Eng verwandt hiermit und in einem gegenseitigen Abhängigkeitsverhältnis stehend ist die *Kritikfähigkeit:* Ist die/der Lernende in der Lage, Kritik offen zu äußern, kritisiert sie/er positiv aufbauend und sachlich argumentierend, kann sie/er Kritik am eigenen Verhalten, den eigenen Ansichten vertragen, ist sie/er in der Lage, vorgebrachte Kritik sachlich als unberechtigt zurückzuweisen, aber gegebenenfalls ebenso gut als berechtigt zu akzeptieren und das Verhalten entsprechend zu ändern?

Den Abschluss der Beobachtungs- und Bewertungskriterien zum Sozialverhalten bilden die Aspekte Sicherheit und Selbstbehauptung: Wirkt die/der Lernende in Stresssituationen ruhig, gelöst und leistungsbereit? Formuliert sie/er offen Unzufriedenheit? Steht sie/er zu der eigenen Meinung (selbst, wenn sie/er der einzige ist)? Lässt sie/er sich durch Kritik nicht so schnell verunsichern? Besteht sie/er darauf, angehört zu werden bzw. andere zu Wort kommen zu lassen? Geht sie/er im Affekt korrekt, aber inhaltlich klar mit Respektspersonen (Lehrpersonen) um?

Zum Abschluss eine tabellarische Übersicht über die wichtigsten Beobachtungs- und Bewertungskriterien in Stichworten:

Lernverhalten	
Wahrnehmungsfähigkeit	Veränderungen, Unterschiede, Gemeinsamkeiten beobachten
Auffassungsgabe	Logische Strukturen und wesentliche Grundzüge erkennen
Ausdrucksvermögen	Über einen großen Wortschatz verfügen und anschaulich erklären können
Wiedergabefähigkeit	Lückenlos auch komplexe Abläufe beschreiben, Fehlendes bemerken
Übertragungsfähigkeit	Bekanntes auf Unbekanntes übertragen, von vertrauten Vorgaben auf neue Bedingungen umstellen können
Beurteilungskompetenz	Ansichten und Meinungen hinterfragen, Widersprüche erkennen und benennen

Arbeitsverhalten	
Arbeitsorganisation	Zeit gut einteilen; sorgfältig, zuverlässig und präzise arbeiten; Aufgabenstellung und Resultat vergleichen
Konzentration	„Langer Atem" bei anspruchsvollen Aufgaben, hohe „Störresistenz"
Selbstständigkeit	Arbeiten ohne Kontrolle, eigenständig planen, realistisch das eigene Leistungsvermögen einschätzen
Engagement	Anregungen geben und Vorschläge machen, freiwillig Arbeit übernehmen

Sozialverhalten	
Teamfähigkeit	Partner- und Gruppenarbeit schätzen; sich auch ohne Kontrolle an vereinbarte Regeln halten; sich bemühen, in der Gruppe alle Meinungen zu hören
Hilfsbereitschaft	Die Ansprüche der anderen respektieren, Schwächere schützen
Soziale Sensibilität	Stimmungen wahrnehmen und angemessen darauf reagieren; Probleme, Bedürfnisse und Gefühle der anderen Mitschülerinnen und Mitschüler erkennen
Konfliktfähigkeit	Immer nach fairen Lösungen suchen, nach Konfliktursachen fragen, nicht nachtragend sein, Kritik offen äußern, Kritik vertragen
Selbstsicherheit	Sich durch Kritik nicht so schnell verunsichern lassen; darauf bestehen, angehört zu werden; Unmut sachlich und konstruktiv äußern

Transparenz und Gerechtigkeit

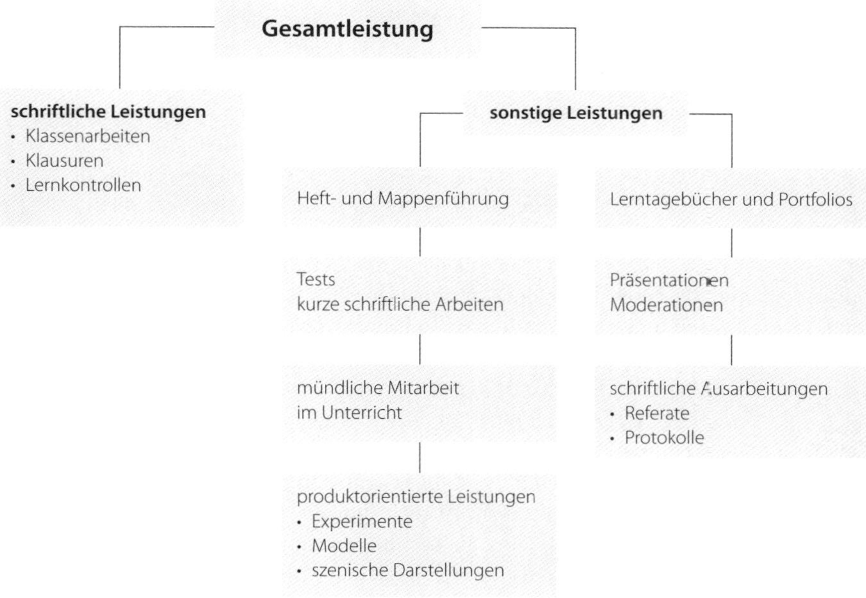

Leistungspuzzle: die Einzelleistungen, aus denen sich die Gesamtleistung einer Schülerin oder eines Schülers zusammensetzt

Bewertung soll möglichst transparent und gerecht sein

Für jede Bewertung einer Schülerleistung gilt, dass sie möglichst *transparent* und *gerecht* erfolgen soll, einerlei, ob in Form einer Ziffernnote (dies ist der häufigste Fall) oder als verbalisierte Leistungsrückmeldung (eine differenziertere und individuellere Möglichkeit). Dabei gibt es für jede Art von Einzelleistung bestimmte Besonderheiten zu berücksichtigen.

Alles das, was Schülerinnen und Schüler in offiziellen Klassenarbeiten bzw. Klausuren produzieren, gilt als schriftliche (Prüfungs-)Leistung. Anzahl, Dauer und Art der schriftlichen Arbeiten sind durch Rahmenrichtlinien, curriculare Vorgaben oder sonstige Erlasse und Verfügungen für alle Fächer, Jahrgänge und Schulformen und -stufen jeweils landeseinheitlich geregelt. Alle Leistungen, die nicht im Rahmen von Klassenarbeiten bzw. Klausuren erbracht werden, gelten als „sonstige" Leistungen. Die Bezeichnung ist weder bundesweit noch schul- und fächerspezifisch einheitlich, synonym werden Begriffe benutzt wie „nichtschriftliche", „allgemeine" oder auch „fachspezifische" Leistung. Wir haben uns für den Begriff „sonstige" Leistung entschieden, weil er der umfassendste ist. Wer hier „mündliche" Leistungen als Pendant zu „schriftlichen" Leistungen erwartet hat, wie in der schulischen Praxis eher üblich, wird auf später vertröstet. Wir haben die mündlichen als Teil der sonstigen Leistungen beschrieben.

Spielräume sinnvoll nutzen

Das Verhältnis der Anteile von schriftlichen zu sonstigen Leistungen bei der Zeugnisnote ist durch Bildungspläne, Kerncurricula, Handreichungen und schulinterne Curricula oder entsprechende andere amtliche Vorgaben verbindlich festgelegt. Häufig besteht allerdings ein *Spielraum*, in dessen Rahmen die Fachkonferenz bzw. der einzelne Kollege entscheiden kann. In Niedersachsen gibt es z. B. in der gymnasialen Oberstufe die Möglichkeit, für alle Fächer das Verhältnis der schriftlichen zu sonstigen Leistungen innerhalb eines „Korridors" festzulegen: Das Schriftliche darf höchstens 66 Prozent und muss mindestens 50 Prozent ausmachen. Da wir der Überzeugung sind, dass den (verhältnismäßig wenigen) punktuellen Leistungsüberprüfungen in Form von Klassenarbeiten bzw. Klausuren ohnehin zu viel Gewicht beigemessen wird, raten wir dazu, vorhandene Bandbreiten zugunsten einer Aufwertung der sonstigen Leistungen zu nutzen.

Die Gewichtung der Leistungen mit den Lernenden zu Beginn eines Schuljahres zu vereinbaren, ist nicht nur ein Gebot der Fairness. Es kann helfen, die Lernstrategien zu optimieren und den Stress bei punktuellen Überprüfungen zu reduzieren. Die Schülerinnen und Schüler wären angesichts der klar definierten Anforderungen in der Lage, ihre Stärken besser zu orten und auch ihre Defizite klarer zu benennen. Hier könnte der Ansatz für eine gezielte Förderung schon früh gefunden werden.

Nicht alle in der Übersicht genannten Formen der sonstigen Leistungen kommen in jedem Fach, jeder Altersstufe und Schulform vor – so wird z. B. die Kontrolle der *Heft-* und *Mappenführung* in der gymnasialen Oberstufe überhaupt keinen oder nur einen sehr geringen Stellenwert einnehmen. *Lernjournale* oder *Lerntagebücher* könnten an die Stelle treten. Zum anderen verfahren Lehrpläne, Rahmenrichtlinien und andere amtliche Vorgaben hier sehr unterschiedlich: Die Bandbreite reicht von einer sehr genauen Auflistung und vorgegebenen Quantifizierung „fachspezifischer" Leistungen bis zur völligen Ignoranz der unterschiedlichen Dimensionen der sonstigen Leistungen.

Für die meisten Fächer, Schulstufen und -formen dürfte der Bereich der *mündlichen Mitarbeit* im Unterricht aber klar der wichtigste sein und – um eine ungefähre Zahl zu nennen – mit mindestens 50 Prozent in die sonstige Leistung eingehen. Dabei sind Unterrichtssituationen vorstellbar, in denen dieser Bereich mit 80 bis 100 Prozent gewichtet wird – in diesen Fällen ist die *sonstige* dann tatsächlich (fast) deckungsgleich mit der *mündlichen* Leistung.

Die anderen oben genannten Bereiche der sonstigen Leistungen sollten entsprechend weniger gewichtet in die Gesamtleistung eingehen – je nach Altersstufe etc. etwa zwischen 10 bis 25 Prozent.

Eine besondere Aufmerksamkeit verdienen u. E. die *schriftliche Ausarbeitung* und die *mündliche Präsentation* von Referaten sowie alle weiteren freiwilligen Zusatzleistungen: Sind Referate, Protokolle etc. Pflichtbestandteil des Unterrichts, wie dies in Hauptfächern der oberen Sekundarstufe I und in Leistungskursen meistens der Fall ist, werden ihre schriftliche Ausarbeitung wie die mündliche Präsentation prozentual anteilig in die sonstige Leistung eingehen.

Bilden sie allerdings freiwillige Zusatzleistungen, sollten sie die Gesamtnote nur verbessern, aber nicht verschlechtern können. Das widerspricht zwar dem häufig noch geltenden Prinzip, dass Leistungen, wenn sie eingebracht werden sollen, auch dann zählen, wenn sie die Note verschlechtern. Aber es macht Sinn, in diesem begrenztem Umfang so zu verfahren, weil Schülerinnen und Schüler so auf ihre Stärken aufmerksam werden und bei Misslingen keine Sanktionen befürchten müssen.

Auch bei *Tests* und kurzen schriftlichen Arbeiten hat unser Bildungsföderalismus für eine ebenso unübersichtliche wie uneinheitliche Praxis gesorgt, die noch dadurch verstärkt wird, dass viele Kollegen sie mit Klassenarbeiten gleichsetzen, was aber in den meisten Fällen rechtlich nicht korrekt ist!

In der inhaltlichen Gestaltung, den Ansprüchen an diese Gestaltung und den Grundsätzen der Korrektur unterscheiden sich Tests nicht prinzipiell von den Klassenarbeiten/Klausuren und werden deshalb in den entsprechenden Abschnitten nicht mehr explizit erwähnt. In der Gewichtung und Bedeutung aber gibt es Unterschiede:

- Tests dauern meist nicht länger als eine halbe Schulstunde.
- Sie beziehen sich nur auf ein sehr überschaubares Stoffgebiet (häufig nur die letzte Stunde).
- Sie beziehen sich in der Regel auf den Anforderungsbereich 1 (vgl. S. 65).
- Sie brauchen nicht angekündigt zu werden.
- Sie dürfen nicht zu den schriftlichen Leistungen gezählt werden.

3.1 Klassenarbeiten und Klausuren

Formale Korrektur

Die Korrektur der Klassenarbeiten und Klausuren soll den Schülerinnen und Schülern Hinweise auf Fehler geben, um für die Zukunft Strategien zur Vermeidung ähnlicher Fehler zu entwickeln. Folgende formale *Korrekturzeichen* können in allen Klassenstufen verwendet werden:

Beziehungsfehler	Bz
Satzbaufehler	Sb
Grammatikfehler	Gr
Streichung von Überflüssigem	(–)
Einschub von Fehlendem	V
Ausdrucksfehler	A
Wortwahlfehler	W
Wiederholungsfehler	Wdh
Rechtschreibfehler	R
Zeichensetzfehler	Z

Die Fehler können verschiedenen Kategorien zugeordnet werden: Die Korrekturzeichen Bz, Sb, (–), V, A, W, Wdh beziehen sich hauptsächlich auf die Form der Darstellung in der Klausur. Sie werden bei der Bewertung der darstellerischen Leistung berücksichtigt. Die Fehler R, Z, Gr beziehen sich auf die sprachliche Form der Klausur. Gehäuftes Auftreten führt zu Punktabzug.

Korrekturzeichen für die erste quantitative Fehleranalyse

Die Korrekturzeichen erleichtern eine erste quantitative Fehleranalyse in einer Arbeit. Wenn die Fehlerhäufigkeit systematisch dokumentiert wird, können Entwicklungen entdeckt und unterstützende Maßnahmen frühzeitig eingesetzt werden. Das wird selten gemacht, könnte aber zu einer ersten Datenbasis für die Beschreibung der individuellen Entwicklung einer/eines Lernenden führen. Auch Lernende selbst sind in der Lage, die Dokumentation dieser Daten zu übernehmen. Damit würden sie ihre Selbsteinschätzung datenorientierter und verantwortlicher vornehmen. Denn wir haben die Erfahrung gemacht, dass Lernende selten eine differenzierte Wahrnehmung gegenüber ihren Fehlern haben, weder in Bezug auf ihre Fehlertypen noch auf die Fehlleistungen, die zu diesen Fehlern geführt haben. Auch die Lehrpersonen legen wenig Wert auf eine Fehleranalyse, sondern geben sich in den meisten Fällen mit der punktuellen Korrektur zufrieden.

Inhaltliche und methodische Aufgabenprofile

Der folgende Kriterienkatalog ist allgemein anerkannt und deckt sich im Wesentlichen mit den Vorstellungen der KMK über einheitliche Prüfungsanforderungen für Schulabschlüsse. Er muss jeweils altersangemessen abgestuft werden. Ein komplexer Text z. B. bedeutet selbstredend in der Klasse 5 etwas ganz anderes als in der gymnasialen Oberstufe!

Gängig – und, wie wir denken, auch sinnvoll – ist die grundsätzliche Aufteilung der schriftlich zu erbringenden Leistungen in drei Bereiche:

Anforderungsbereich I

Der *Anforderungsbereich I* umfasst die Wiedergabe von Sachverhalten aus einem abgegrenzten Gebiet im gelernten Zusammenhang und die Verfügbarkeit der notwendigen inhaltlichen und methodischen Kenntnisse in einem begrenzten Gebiet und einem wiederholenden Zusammenhang. Dazu gehören:

- Kennen
  - von Darstellungsformen (z. B. Textart, Karte, Grafik, Skizze, Statistik, mathematische Formen),
  - von Arbeitstechniken und methodischen Arbeitsschritten,
  - einer angemessenen Fachterminologie,
  - der angemessenen Sprachnorm.
- Wiedergeben von
  - Grundtatsachen,
  - fachwissenschaftlichen Begriffen und Kategorien,
  - Ereignissen und Prozessen,
  - Strukturen und Ordnungen,
  - Normen und Konventionen,
  - Theorien, Klassifikationen, Modellen.
- Erkennen des der Aufgabenstellung zugrunde liegenden Themas, des Hauptgedankens, der Problemstellung,
- Verbinden der eigenen Kenntnisse und Einstellungen mit dem Thema, dem Hauptgedanken, der Problemstellung.

Anforderungsbereich II

Der *Anforderungsbereich II* umfasst das selbstständige Erfassen und Einordnen bekannter Sachverhalte, das Strukturieren und gedankliche wie sprachlich angemessene Be- und Verarbeiten dieser Sachverhalte sowie das selbstständige Anwenden und Übertragen des Gelernten auf vergleichbare Sachverhalte. Dazu gehören:

- Anwenden von sachadäquaten Methoden
  - bei der Untersuchung von Sachverhalten (z. B. Erfassen des Sinngehalts längerer und komplexer Texte, differenziertes Erfassen des Hauptgedankens),

- bei der Übertragung in andere Darstellungsformen (z. B. bei text- oder aufgabenübergreifenden Bezügen),
  - bei der Erschließung von Arbeitsmaterial (z. B. Anwendung textanalytischer oder mathematisch-algorithmischer Kenntnisse),
  - bei der selbstständigen Auseinandersetzung mit neuen Fragestellungen (z. B. Übertragen von inhaltlichen und methodischen Kenntnissen auf neue Sachverhalte),
- selbstständiges Erklären und Anwenden einfacher und komplexer Sachverhalte,
- Verarbeiten und Ordnen,
- Anwenden des Gelernten und Verstandenen,
- Untersuchen bekannter Sachverhalte mithilfe neuer Fragestellungen,
- Verknüpfen erworbener Kenntnisse/Einsichten mit neuen Sachverhalten,
- Analysieren neuer Sachverhalte.

Anforderungsbereich III

Der *Anforderungsbereich III* umfasst das planmäßige Verarbeiten und die eigenständige Reflexion komplexer Gegebenheiten mit dem Ziel, zu selbstständigen Begründungen, Folgerungen, Deutungen und Wertungen zu gelangen und eigene Lösungsansätze zu entwickeln. Dazu gehören:

- problembezogenes Denken, Urteilen, Begründen,
- gezielte Nutzung des speziellen Fachwissens,
- Formulieren begründeter Folgerungen aus Texten/Arbeitsmaterialien,
- Begründen eines selbstständigen Urteils,
- Aufzeigen von Alternativen,
- Erkennen von Bedeutung und Grenzen des Aussagewertes von Informationen,
- Reflektieren von Normen, Konventionen, Zielsetzungen und Theorien,
- Problematisieren von Sachverhalten durch selbstständig entwickelte Fragestellungen, Entwickeln von Vorschlägen,
- Erörtern von Hypothesen und Überprüfen auf ihre Realisierungsbedingungen,
- kritisches Untersuchen und reflexive Distanz zum eigenen Vorgehen,
- Entwickeln einer eigenständigen gedanklichen und sprachlichen Darstellung,
- Beurteilen von Methoden,
- Erörtern möglicher methodischer Schritte,
- Begründen des eingeschlagenen Lösungsweges,

- Überprüfen von Methoden auf ihre Leistung für die Aufschließung von Sachverhalten und im Hinblick auf immanente Wertungen und Auswahlkriterien,
- Überprüfen von Darstellungsformen auf ihre Aussagekraft.

Allgemeiner Korrekturbogen

Darüber hinaus haben wir gute Erfahrungen damit gesammelt, die folgenden *inhaltlichen Korrekturzeichen* zu verwenden (den Lernenden wird das Arbeitsblatt vor der ersten schriftlichen Arbeit verteilt und erläutert).

Dieser Korrekturbogen spart enorm viel Schreibarbeit und macht zudem die Korrektur transparenter.

Die Noten zu den einzelnen Aufgaben werden schriftlich begründet, dabei werden die Randnotizen und -kommentare einbezogen. Die Vor- und Nachteile der Klausur werden kommentiert.

Name: Klasse: Datum:

Inhaltliche Korrekturzeichen

Liebe Schülerinnen und Schüler,
die links in der Tabelle stehenden Abkürzungen stehen jeweils für die rechts erläuterten Sachverhalte! Ich werde sie in der Korrektur der Arbeit benutzen und jeweils mit unserem „normalen" Notenschema werten: also 1 = sehr gut, 2 = gut bis 6 = ungenügend.

RTa	Der Grad der sachlichen Richtigkeit der Textauswertung – die aufgestellten Behauptungen sind im Einklang mit bzw. im Widerspruch zum Wortlaut oder Sinn des Textes.
VTa	Der Grad der Vollständigkeit der Textauswertung – die Hauptgedanken des Textes sind erfasst bzw. wesentliche Gesichtspunkte bleiben verborgen.
GTa	Genauigkeit der Textauswertung – die Sinnabschnitte des Textes werden genau erfasst oder der Text wird stark vereinfacht.
BTa	Einige Überlegungen werden durch Textbelege gestützt bzw. nicht untermauert.
LTa	Die Reihenfolge der Gedanken und Argumente ist in sich logisch oder sie ist ungeordnet und nicht folgerichtig.
AuTa	Bezug zur Aufgabenstellung – die Aufgabe wird gelöst oder die Bearbeitung geht an der Aufgabenstellung vorbei.
SpTa	Angemessener Sprachgebrauch – die Gedankengänge des Textes werden zutreffend und genau erfasst oder die Wiedergabe verfälscht bzw. entstellt den Text.
ATa	Veranschaulichung durch Beispiele und Vergleiche – die eigenen Überlegungen sind mit Beispielen und Vergleichen erläutert bzw. die Erläuterung fehlt.

Inhaltsbezogener Korrekturbogen

Noch einen Schritt weiter in Richtung Transparenz und gleichzeitige Effektivierung der Korrekturarbeit gehen *inhaltsbezogene Korrekturbögen*. Immer wieder muss man bei der Korrektur einer Schülerarbeit nachsehen, ob und wie man die gleiche Sache in einer anderen Arbeit kommentiert hat. Diese Suche ist zeitaufwändig und mitunter vergebens. Oft merkt man auch nicht, dass man auf den gleichen Fehler verschieden reagiert hat. Für häufig wiederkehrende inhaltliche Fehler empfiehlt sich daher ein einheitlicher Kommentar, den man als Korrekturbogen den Lernenden aushändigt.

Der entsprechende Fehler bekommt einen Buchstaben auf dem Korrekturbogen, im Heft findet die/der Lernende nur den gleichen Buchstaben und eine Note von 1 bis 6 und holt sich aus dem Korrekturbogen den Kommentar. Das hat – neben der Einheitlichkeit der Kommentierung und der Arbeitsersparnis – zwei weitere Vorteile: Wenn man einen solchen Korrekturbogen anlegt, wird man sich als Lehrperson schnell darüber klar, worauf es bei der gestellten Aufgabe ankommt, was man hier falsch machen konnte, bzw. was am häufigsten falsch gemacht wurde. Die Schülerinnen und Schüler bekommen ebenfalls diesen Überblick, können leicht erfassen, welche Bewertungskriterien die Lehrperson hatte, welche Fehler sie gemacht, welche sie vermieden haben.

Man braucht als Lehrperson nur – ehe man die erste Schülerarbeit korrigiert – eine Reihe von Arbeiten zu lesen, die Standardfehler zu beziffern und auf einem Zettel zu kennzeichnen. Diese Liste kann man während der weiteren Korrekturarbeit verlängern, sobald man zusätzliche Fehler findet, die man auf dem Korrekturbogen kommentieren will. Es ist auch möglich, mit den Schülerinnen und Schülern gemeinsam im Unterricht nach der Klassenarbeit – z. B. in einem fragend-entwickelnden Unterrichtsgespräch – solch einen Bogen zu erstellen.

Ein inhaltsbezogener Korrekturbogen ist nicht sinnvoll, wenn es in der Klassenarbeit um rein formale Anforderungen geht – also wie bei einer Mathematikarbeit in der Mittelstufe, einem Deutschdiktat oder einer Klassenarbeit im Fremdsprachenanfangsunterricht. Aber immer dann, wenn es um die Arbeit an und mit Texten geht – seien sie literarischer oder sachlicher Natur –, wird der Korrekturbogen die Arbeit erleichtern, das gilt für Textwiedergaben ebenso wie für Texterläuterungen, Erörterungen, Vergleiche, Stellungnahmen, produktionsorientierte Aufgaben etc.

Als Beispiel soll hier ein inhaltlicher Korrekturbogen zum Thema „Deutsch: Nacherzählung“ in einer fünften Klasse vorgestellt werden. Der zugrunde gelegte Text war „Der kluge Anstreicher“ von Mark Twain. Die

Textform „Nacherzählung“ wurde in den vorhergehenden Stunden mithilfe der unten folgenden Checkliste, die die Schülerinnen und Schüler auch während der Arbeit benutzen durften, eingeübt und an Beispielen vertieft.

Checkliste zur Nacherzählung

Zweck:

- Die Nacherzählung muss verständlich für denjenigen sein, der die Originalgeschichte nicht kennt.
- Der Inhalt soll mit eigenen Worten wiedergegeben werden.
- Ihr Ziel ist es, den Leser zu interessieren, ihn betroffen und/oder nachdenklich zu machen, und, falls die Geschichte es zulässt, ihn zu unterhalten.
- Sie soll die Handlung möglichst genau wiedergeben und so ausführlich wie für das Verständnis nötig sein.

Zur Technik:

- Man darf zur ursprünglichen Geschichte nichts hinzuerfinden.
- Die Reihenfolge der Erzählschritte darf nicht verändert werden.
- Nebensächlichkeiten sollten stark gekürzt werden.
- Aber: Alle für das Verständnis der Geschichte wichtigen Dinge müssen dargestellt werden, dies gilt insbesondere für den oder die Höhepunkte.
- Wörtliche Rede muss in der Nacherzählung unbedingt als belebendes, die Spannung steigerndes Mittel eingesetzt werden.
- Erzählzeit ist immer die Vergangenheit (Präteritum).

Um Texte in ihrer Ganzheit zu erfassen, sind analytische Verfahrensweisen in der Korrektur bzw. Bewertung manchmal eher hinderlich. Im Kontext der nationalen Vergleichsarbeiten (VERA 8, 2011, Fach Deutsch) wurde der Versuch unternommen, mithilfe einer Globalskala und differenzierenden Subskalen bewertende Aussagen zu Gesamtaussagen des Textes zu ermöglichen. Man könnte sich leicht vorstellen, das Prinzip auf eine Reihe von Textsorten zu übertragen, die in einer Schule verpflichtend und häufig der Leistungsbewertung unterzogen werden.

Korrekturbogen zur Nacherzählung von Mark Twains Geschichte „Der kluge Anstreicher“

A: Tom hat an einem wunderschönen Sommertag eine Strafarbeit bekommen und ist entsprechend schlecht gelaunt – das muss deutlich werden (innere Handlung!).

B: Tom versucht, Jim zu bestechen – das klappt auch fast, aber Jim hat zu viel Angst vor Tante Polly. Hier müssen Toms Überredensversuche unbedingt ausführlich mit wörtlicher Rede (Dialog!) wiedergegeben werden.

C: Die wundervolle Idee, die Tom gerade noch rechtzeitig beim Eintreffen von Ben Rogers kommt, darf an dieser Stelle auf keinen Fall schon verraten werden, dann ist die ganze Spannung auf den weiteren Handlungsverlauf weg.

D: Der erste Höhepunkt der Geschichte: Es muss in dem ausführlichen Dialog zwischen Tom und Ben deutlich werden, dass die Rollen sich allmählich umdrehen: Durch Toms List, so zu tun, als sei die Strafarbeit eine Belohnung, wird „Zaun streichen" plötzlich zu einer begehrenswerten Tätigkeit.

E: Da das Muster von Toms List jetzt klar ist, können die folgenden Dialoge mit den anderen Kindern des Dorfes kurz gehalten werden.

F: Am Abend ist Tom reich und sehr mit sich zufrieden.

G: Die Moral der Geschichte: Nicht die Art der Arbeit ist entscheidend, sondern die Frage, ob man sie freiwillig erledigt.

3.2 Offene, kreative und produktionsbezogene Aufgaben

Die hier skizzierten Vorgehensweisen lassen sich für einen Großteil aller Tests, Klassenarbeiten und Klausuren problemlos anwenden, sie gelten aber nicht grundsätzlich für alle möglichen schriftlichen Lernüberprüfungen – z. B. nicht für manche Aufgabenstellungen in den Fächern Kunst, Musik und Deutsch. Für eine produktionsorientierte, kreative Prüfungsleistung wie das Malen eines Bildes oder das Komponieren eines Liedes gibt es eben keine Musterlösung! Dennoch muss auch in diesen Fällen die Bewertung und Benotung nicht willkürlich und intransparent sein, wie wir an einem Beispiel aus dem Deutschunterricht einer zehnten Klasse zeigen möchten.

Die Lernenden haben im Unterricht den Roman „Homo faber" von MAX FRISCH gelesen und interpretiert. Die Aufgabe in der anschließenden Klausur lautete: „Stell dir vor, dass Faber nur eine harmlose Krankheit hat; er wird nach zwei Wochen völlig gesund aus der Klinik entlassen und lebt weiter. Schreibe seine weitere Lebensgeschichte bis zu einem abschließenden Ende." Auch hier entwickelten Lernende und Lehrpersonen gemeinsam direkt anschließend an die Klassenarbeit im Unterricht einen *Kriterienkatalog* zur Bewertung, der zwar nicht den Grad an Differenziertheit und Verbindlichkeit hat wie bei dem vorigen Beispiel, als Grundlage der Korrektur und Bewertung aber durchaus funktionierte. Folgende Fragen wurden erarbeitet:

Fragen zu „Homo faber"
Wie gut gelingt es, sich in die Person Walter Faber – seine Art zu denken, zu fühlen und zu handeln – hineinzuversetzen?
Wie gut gelingt dies in Bezug auf Hanna?
Wie überzeugend ist die weitere Handlung auf der Romanvorlage aufgebaut?
Gibt es unmotivierte Sprünge, Wendungen, Überraschungen?
Wie wird die Beziehung der beiden Hauptpersonen weiter gestaltet?

> Wird die Veränderung in Faber, die sich während des Aufenthaltes in Havanna andeutet, weiter gestaltet?
> Auf der sprachlichen Ebene:
> Wie gut gelingt es, Fabers lakonisch unterkühlten Stil weiterzuführen?
> Gelingt es, die neue Art, sich auszudrücken, die sich in Havanna andeutet, sprachlich zu gestalten?

Deutlich wird, dass hier ein gemeinsames Verständnis entwickelt werden kann, dass aber in der Frage, „woran die Kriterien zu erkennen sind“ (Indikatoren), Gesprächsbedarf entsteht. Das muss nicht als Manko gesehen werden, sondern als gute Gelegenheit, die konkreten Merkmale eines gelungenen Textes deutlich zu machen.

3.3 „Sonstige“ Leistungen

Die Definition der Begriffe „sonstige Leistungen“ und „mündliche Leistungen“ ist unscharf, und das, was die sonstige Leistung ausmacht, wird häufig sehr unterschiedlich gesehen, wie wir bereits gezeigt haben. Es können dazu gehören: Referate, vorgetragene und abgefragte Hausaufgaben, das Einbringen von Materialien, Informationen, Fragen oder weiterführenden Beiträgen, das Anfertigen von Protokollen und Unterrichtsmitschriften, das Führen einer Arbeitsmappe, außerschulische Aktivitäten etc. Wir schlagen daher die nachfolgende Unterteilung vor.

Schriftliche Ausarbeitungen

Der folgende Kriterienkatalog bildet die Grundlage der Bewertung schriftlicher Präsentationen. Er wird vorher bekannt gegeben und mit den Lernenden besprochen. Auch dieser Kriterienkatalog muss altersangemessen angewendet werden! Für ein Referat in der Klassenstufe 7 wird z. B. der Gesichtspunkt der Fehlerzahl (Punkt 1 bei den Formalien) wesentlich wichtiger sein als der des ausführlichen Literaturverzeichnisses (Punkt 7), die Sicherheit des methodischen Zugriffs dagegen wird etwa in der gymnasialen Oberstufe zunehmend an Bedeutung und Gewicht gewinnen.

Beispiel Facharbeitsthema

In einem Seminarfachkurs im 11. Jahrgang des Gymnasiums legten Lehrpersonen und Lernende gemeinsam ein Facharbeitsthema fest. Es lautete: Welche speziellen wirtschaftlichen und wirtschaftspolitischen Probleme kennzeichnen unsere Region? Welche „Rezepte“ gibt es gegen diese Probleme?

Alle waren sich einig, dass es sich hier nicht um eine „Literaturarbeit“ handelte, für die man alles nötige Wissen aus Büchern oder sonstigen Quellen herausholen kann, sondern dass alle Schülerinnen und Schüler selber

Forschungen und Untersuchungen durchführen müssten: in der städtischen Verwaltung, dem Stadt- oder Zeitungsarchiv, bei Experten oder durch Befragungen betroffener Personenkreise.

Zur Erweiterung der methodischen Kompetenz gab es vorher einen *Trainingskurs,* bei dem es um quantitative und qualitative Erhebungsmethoden, Interview- und Befragungsformen, Methoden der Datensicherung und -auswertung etc. ging. Die Bewertung der Facharbeiten erfolgte analog zu dem obigen Kriterienkatalog – die einzelnen Aspekte dieses Katalogs wurden in einen zusammenhängenden Text gebracht und um individuelle und nichtstandardisierte Einschätzungen und Bewertungen erweitert. Dieses „gemischte" Vorgehen erwies sich aus folgenden Gründen als sehr brauchbar:

- Aufgrund des Kriterienkataloges gab es eine ausgesprochen klare und vorher bekannte inhaltliche Vorstrukturierung der Bewertung.
- Diese Vorstrukturierung erleichterte und beschleunigte die Korrekturarbeit deutlich.
- Die Möglichkeit, jederzeit von der standardisierten zur individuellen Ebene zu wechseln, verhinderte jedes Vorgehen nach „Schema F".
- Die – immer vorhandene – Unsicherheit der Lehrperson in Bezug auf Objektivität und Gerechtigkeit seiner Bewertung wurde deutlich geringer.
- Und nicht zuletzt war auch den Schülerinnen und Schülern die Bewertungsgrundlage klar erkennbar.

Praktikumsberichte

Betriebspraktika und die damit obligatorisch verbundenen Berichte sind mittlerweile bundesweit in allen Sekundarschulen Standard. Die Gestaltung und Bewertung der *Praktikumsberichte* dagegen ist ausgesprochen heterogen und schwankt nach unseren Erfahrungen selbst innerhalb des Kollegiums einer Schule bisweilen extrem – von einer Benotung im üblichen Noten- oder Punkteschema bis hin zur völligen Nichtbewertung. Gerade deshalb sind in diesem Bereich unbedingt Transparenz und klare, eindeutige Absprachen zwischen Klasse und Lehrpersonen vonnöten!

Das folgende Beispiel soll demonstrieren, wie diese Arbeitsgrundlage aussehen kann. Es ist sprachlich wie inhaltlich auf die Eingangsphase bzw. auf den elften Jahrgang der gymnasialen Oberstufe ausgerichtet – daher auch der Schwerpunkt auf der Reflexion der gemachten Erfahrungen –, kann aber problemlos auf die Klassen 8 bis 10 übertragen werden. Vor Beginn des Praktikums erhalten die Schülerinnen und Schüler einen Kriterien- und Beurteilungskatalog, wie ihn die Kopiervorlage auf S. 75/76 zeigt.

Name: Klasse: Datum:

Beurteilungskriterien und Bewertungsraster für Referate, Protokolle und Fach- und Jahresarbeiten

Thema	Bemerkungen
Formalien	
Wie viele Rechtschreib-, Zeichensetzungs- und Grammatikfehler enthält das Referat?	
Wie sind das äußere (Schrift-)Bild und die Gestaltung?	
Ist der sprachliche Ausdruck (evtl. der Gebrauch der Fachsprache) angemessen?	
Ist das Referat formal vollständig?	
Gibt es am Anfang eine sinnvolle Inhaltsübersicht?	
Sind alle Zitate kenntlich gemacht und die Fundstellen korrekt angegeben?	
Gibt es ein sachlich angemessenes, ausführliches und richtig angelegtes Literaturverzeichnis?	
Inhalt	
Ist das Referat inhaltlich vollständig?	
Ist die Gliederung themenbezogen und in sich logisch?	
Finden sich größere Abschweifungen oder Abweichungen vom Thema, wird das Thema evtl. sogar verfehlt?	
Werden die verwendeten Fachbegriffe klar definiert?	
Bauen die Argumente logisch aufeinander auf, ist das Ganze in sich stringent (folgerichtig)?	
Wird deutlich unterschieden zwischen sachlicher Darstellung und dem eigenen Urteil?	
Methode	
Werden die verwendeten Erhebungs- und Darstellungsmethoden beherrscht und angemessen verwendet?	
Wie umfangreich und mit wie viel Arbeit verbunden waren die Vorarbeiten, Recherchen und Erhebungen?	
Wie sorgfältig und (selbst-)kritisch wird mit Quellen, Sekundärliteratur, eigenen Erhebungen etc. umgegangen?	
Wie deutlich wird das Bemühen um Sachlichkeit und distanzierte Darstellung, gerade und auch in Bezug auf die Darstellung fremder Positionen?	
Arbeitsergebnisse	
Wie ist das Verhältnis von Aufwand und Ergebnis, rechtfertigt das Ergebnis den betriebenen Aufwand?	
Kommt der Verfasser des Referats zu vertieften und selbstständig-kritischen Ergebnissen oder referiert er nur Allgemeinplätze?	
Wie ist das eigene Engagement des Referenten zu beurteilen?	

Zusätzlich zu diesen Hinweisen für die Anfertigung erhalten die Lernenden einen Korrekturbogen, der von der Lehrperson während der Korrektur des Berichts lediglich ausgefüllt wird – das spart nicht nur enormen Arbeits- und Zeitaufwand, sondern macht die Bewertung nachvollziehbar und einsichtig.

Mündliche Präsentationen und Moderationen

Auch für die mündliche Präsentation von Referaten, Haus- und Facharbeiten etc. sollten die Lernenden die Bewertungskriterien vorher kennen und mit der Lehrperson diskutieren können. Ein entsprechender Katalog bildet in unserem Unterricht im Regelfall die Basis der Beurteilung, wobei auch hier selbstredend die altersangemessene Zurichtung gilt. Alle Schülerinnen und Schüler der Lerngruppe und auch der Referent oder die Referenten erhalten vor der Präsentation den Beurteilungsbogen (siehe Kopiervorlage S. 82).

Mündliche Mitarbeit im Unterricht

Das Erbringen mündlicher Leistungen ist in der Schulgeschichte wesentlich älter als schriftliche Klassenarbeiten oder Prüfungen. Dennoch ist ihre Bewertung im Vergleich zu den gerade skizzierten Modalitäten eher problematisch, subjektiv und fehleranfällig. Dies hat hauptsächlich zwei Ursachen: Mit Ausnahme von schriftlich protokollierten mündlichen Leistungen (wie im mündlichen Abitur oder anderen mündlichen Abschlussprüfungen) liegen die mündlich erbrachten Leistungen eben nicht in schriftlicher, also dokumentierter und damit objektivierter Form vor, sondern nur in der *Flüchtigkeit des gesprochenen Wortes* – von Randbereichen abgesehen, auf die wir weiter unten zu sprechen kommen.

Verhandlungen über mündliche Leistungen zwischen Lehrperson und Lernenden basieren daher – ungeachtet aller Notizen, die die Lehrperson vielleicht während des vorangegangenen Unterrichts angefertigt hat – auf Beobachtung und Erinnerung von beiden Seiten. Bei jeder Form der Leistungsbewertung mündlicher Mitarbeit stellt sich sofort die schwierige Frage der *Gewichtung von Quantität* (also Häufigkeit des Meldens) *und Qualität* (der geäußerten Beiträge). Verschärft wird dieses Problem oft noch dadurch, dass Lernende bei sich und anderen aus der Klasse nur die Quantität wahrnehmen! („Ich hab mich doch immer gemeldet und krieg nur 'ne Drei, und Max döst meistens vor sich hin und kriegt 'ne Zwei!")

Nötig sind daher genauere Kriterien zur Differenzierung von Teilbereichen der mündlichen Leistungswertung gerade im qualitativen Bereich, denn die Quantität, also die Häufigkeit des Meldens bzw. des Aufrufens bei stillen Schülerinnen und Schülern, bedarf ja keiner weiteren Differenzie-

Name: Klasse: Datum:

Kriterienkatalog für Praktikumsbericht

1. Inhalt des Praktikumsberichts

A. Schilderung des Betriebs

Art des Betriebs (Rechtsform, Zugehörigkeit zu größeren Firmen, was wird produziert/verkauft?)

Art der Kundschaft

Anzahl der Mitarbeitenden

Bildet der Betrieb aus, wenn ja, mit welchen Berufszielen? Wie ist der Betrieb organisiert? (ggf. Skizze)

Wie sind die Arbeitszeiten und Pausen? Schichtarbeit?

Gibt es einen Betriebsrat?

B. Mitarbeitende

Geschlechterverhältnis (ggf. Grund erforschen)

Welche Vor- bzw. Ausbildung haben die Mitarbeitenden überwiegend (Akademiker, Gesellen, Meister etc.)?

Altersstruktur (schätzen, keine Umfrage!)

Art der Entlohnung (nicht deren Höhe!), z. B. festes Gehalt/Lohn, Stundenlohn, Akkord Prämien, Stücklohn etc. oder auch Gewinnbeteiligung?

C. Eigene Eindrücke

Arbeitsklima und das menschliche Verhältnis der Mitarbeitenden untereinander (was passiert z. B., wenn jemand einen Fehler gemacht hat?)

Verhältnis der Mitarbeitenden zu den Chefs / der Firmenleitung etc.
(wie ändert sich z. B. das Verhalten der Mitarbeitenden, wenn der Chef kommt bzw. geht?)

D. Schilderung der eigenen Tätigkeit – aber bitte keine langatmigen Beschreibungen technischer Arbeitsabläufe, sondern Konzentration auf zwei bis drei typische Situationen, z. B.:

- Wie werde ich behandelt, wie werde ich angeleitet, wie kümmert man sich um mich?
- Wie selbstständig kann ich arbeiten?
- Was geschieht, wenn ich einen Fehler gemacht habe?
- Welche Berufsbilder habe ich kennengelernt?
- Welche Aufstiegschancen und welche Ausbildungschancen bietet der Betrieb?

E. Was hat das Praktikum für mich persönlich gebracht?
Dieser Teil ist der wichtigste, aber nicht unbedingt der ausführlichste! Hier sollst du deutlich machen, inwieweit du in der Lage bist, die gemachten Erfahrungen auch sinnvoll zu verarbeiten, zu strukturieren und zu formulieren! Also bitte keine subjektiv-unreflektierten Bewertungen à la „super", „megastark", „ätzend" etc.

2. Aussehen des Praktikumsberichts
Grundsätzlich schriftlich und ansprechend gestaltet, ersatzweise mit schriftlicher Ergänzung auch als Video, als Diashow, als Fotoreportage. Die unter 1. aufgeführten Informationen dürfen aber nicht fehlen! Und bitte: Nicht Masse, sondern Klasse!

3. Bewertung
Ihr habt unter sehr unterschiedlichen Voraussetzungen das Praktikum absolviert; dementsprechend können eure Leistungen nur ungefähr miteinander verglichen werden (wie sollte sich ein Bericht aus einer Maschinenfabrik mit 8 Punkten von einem Bericht aus einer Logopäden-Praxis mit 9 Punkten unterscheiden?). Grundsätzlich gilt daher: Der Bericht wird nicht benotet, aber bewertet!

Was bedeutet das? Es gibt nur drei Bewertungsstufen:
SCHLECHT (–) IN ORDNUNG (0) PRIMA (+)
Dies kann die Zeugnisnote in Politik
drücken so lassen anheben,
allerdings nicht um eine volle Notenstufe!

rung als der, dass derjenige, der sich aus eigenem Antrieb meldet, höher bewertet wird als der, der erst nach Ansprache und Aufforderung zu Beiträgen bereit ist.

Das folgende Raster lehnt sich an die inhaltlichen und methodischen Aufgabenprofile von Seite 56 ff. an:

33 %	33 %	33 %
Reproduktive Leistungen	Transferleistungen	Produktive Leistungen
Etwas kennen, wissen, also auf Wissensfragen antworten können, Vokabeln oder mathematische Verhaltensweisen kennen etc.	Etwas auf neue Sachverhalte übertragen, neue Lösungsstrategien entwickeln etc.	Den Unterricht vorantreiben, neue Lösungen vorschlagen und entwickeln, Kritik üben etc.

Quer zu dieser Systematik ist eine andere Bewertungsebene gelagert, die sich in den folgenden Differenzierungsfragen ausdrückt. Handelt es sich bei der Schüleräußerung um:

- eine bloße Wissensfrage, weil die Schülerin oder der Schüler z. B. eine Vokabel oder ein Fremdwort nicht kennt?
- eine reine Nachfrage zur Klärung eines Sachverhaltes oder Themas?
- eine sachlich zwar richtige, aber nur in einem Wort oder Satz gegebene Antwort?
- eine ausführlicher formulierte Antwort in mehreren, aufeinander bezogenen Sätzen?
- eine ausführliche Verknüpfung mehrerer Gedankengänge mit einer selbstständigen, produktiven und umfassenden Beurteilung?

Je weiter unten die Schüleräußerung anzusiedeln ist, desto größer und positiver ist die Leistung einzuschätzen. Die bloße Wissensfrage kann die Note zur mündlichen Mitarbeit nicht steigern, die selbstständige Beurteilung wird dies in erheblichem Maße tun.

Wir haben einen Beurteilungsbogen erstellt, der versucht, die beiden Aspekte zu vereinheitlichen – er hat sich für uns als besonders hilfreich und problemlos einsetzbar erwiesen. Er hat folgenden einfachen Aufbau:

Name der/des Lernenden	1. fachliche Kenntnisse	2. fachspezifischer Methodenansatz	3. fachsprachliches Ausdrucksvermögen	4. passgenaue Beiträge	5. Förderung des Unterrichtsprozesses	6. Kontinuität	7. Note (Punkte)
A							
B							
C							

Beurteilungsbogen für regelmäßige Einträge zu allen Lernenden über einen festen Zeitraum

In die einzelnen Felder des Bewertungsbogens trägt die Lehrperson regelmäßig für eine Schülerin oder einen Schüler einer Klasse oder eines Kurses die *durchschnittlichen Werte für ein Kriterium* über einen begrenzten Zeitraum in Noten oder Punkten ein. Je nach Verabredung mit den Lernenden geschieht dies zwei- bis sechsmal im Halbjahr. Der Bogen ist für alle Lernenden jederzeit einsehbar, er bietet Anlass für inhaltliche Gespräche und die Möglichkeit, dass entsprechende Defizite aufgearbeitet und verändert werden können.

Kritisch anzumerken ist, dass solche Beurteilungsbögen nur Durchschnittswerte wiedergeben, nicht aber die jeweiligen Situationen und Befindlichkeiten der Lernenden und des Unterrichts berücksichtigen. Sie bilden dennoch eine gute Grundlage für Diskussionen und machen die mündliche Beurteilung der Mitarbeit deutlich transparenter. Sinnvoll ist es, diesen Beurteilungsbogen durch *Schülerselbstbeurteilungsbögen* zu ergänzen und zu erweitern.

Ein Bogen zur Beurteilung der mündlichen Mitarbeit kann auch so aussehen: Am Ende einer Unterrichtseinheit, eines abgeschlossenen Themas, eines Projektes etc. schreibt die Lehrperson Bemerkungen zur mündlichen Mitarbeit in eine Klassen- oder Kursliste und bewertet diese. Wir stellen auf S. 79 einen Ausschnitt vor.

Je nach individuellen Vorlieben können folgende drei Varianten zur Erstellung solch eines Beurteilungsbogens gewählt werden:

A Ich erstelle eine Liste mit möglichen sprachlichen Formulierungen, die die mündliche Mitarbeit im Unterricht nach meinen Vorstellungen präzise beschreiben können. Diese Formulierungen belege ich mit Noten oder Punkten.

5 anwesend

4 Steigerung der mündlichen Mitarbeit; kontinuierlich, aber fachliche Ungenauigkeiten; Beteiligung nur auf Ansprache; unstrukturierte/unproduktive Beiträge, seltene Beteiligung, stört, sehr ruhig

3 selten, durchschnittliche Mitarbeit, zurückhaltend, steigert sich, fachlich korrekte Beiträge, aufmerksam, gute Beiträge auf Ansprache

2 kontinuierlich, gute Mitarbeit, gute Beiträge, produktiv, interessiert, motiviert die anderen, diskussionsfördernd

1 sehr kontinuierliche, ausgezeichnete Mitarbeit; sehr gute, umfangreiche, produktive Beiträge; sehr interessiert, diskussionsfördernd

B Ich schreibe die Bemerkungen auf, die mir zum momentanen Zeitpunkt zur Mitarbeit der/des jeweiligen Lernenden sinnvoll und treffend erscheinen. Ich bewerte die mündliche Mitarbeit im Gesamtkontext der Klasse bzw. im Vergleich der Schülerinnen und Schüler untereinander.

C Ich vereinbare mit den Schülerinnen und Schülern im Voraus, welche Formulierungen die mündliche Mitarbeit im Unterricht am besten beschreiben können und mit welcher Note sie belegt sind.

Name	Beschreibung der mündlichen Mitarbeit	Mündliche Note
Anne	Kontinuierlich, aber wenig produktiv; fachlich/inhaltliche Fehler im Ausdruck	3
Patrick	Anwesend	5
Christoph	Selten, aber fachlich/inhaltlich gute Beiträge auf Ansprache; zurückhaltend und still	3
Maria	Sehr kontinuierlich, sehr gute Beiträge, diskussionsfördernd	1
Christine	Beteiligt sich trotz Ansprache wenig, sehr ruhig, unstrukturierte Beiträge	4
Natalie	Kontinuierlich, interessiert, gute/produktive Beiträge	2
Robert	Selten, manchmal störend, fachlich nicht immer korrekt, unproduktive Beiträge	4
Sebastian	Selten bei Interpretationen, sehr regelmäßig, gut und weiterführend beim Textverständnis; individuelle Arbeitsschwerpunkte je nach Interesse	2

Bei allen drei Varianten ist es unbedingt erforderlich, nach Fertigstellung allen Lernenden den Beurteilungsbogen zugänglich zu machen. Jede Schülerin/jeder Schüler, die/der es wünscht, erhält einen Gesprächstermin über die Benotung, in dem Verbesserungen und Veränderungen erörtert werden können. Als sinnvoll und hilfreich hat sich erwiesen, wenn die Lernenden ihre mündliche Mitarbeit selber beurteilen. Diese Beurteilung ergänzt den von der Lehrperson entwickelten Beurteilungsbogen und bietet Anlass für weitere Gespräche.

Den Vorteil der recht leichten und effektiv-schnellen Handhabung erkaufen sich die bisher vorgestellten Bewertungsbögen allerdings mit dem weitgehenden Verzicht auf die Operationalisierung der mündlichen Leistungen. Wer die mündliche Leistung in Teilbereiche zerlegen, diese messen und gegeneinander abwägen und quantifizieren will, muss einen Schritt weiter gehen. Wir schlagen folgende Operationalisierung vor:

Fachliches, zielgerichtetes Lernen

Dazu zählt zunächst einmal die *sichere Nutzung fachspezifischer Arbeitsmittel* wie Lexika, Quellen, Statistiken, Internet, Formeltafeln sowie die Fähigkeit, Hilfsangebote gezielt zu nutzen, Vorarbeiten, (Teil-)Lösungen zu übernehmen etc. Flexibilität während des Arbeitsprozesses ist ebenso notwendig wie die klare Zielformulierung. Auf *fachliche Richtigkeit* zu achten ist schon beinahe eine Selbstverständlichkeit. Zur Reflexion des eigenen Arbeitsprozesses gehört nicht zuletzt die Fähigkeit, wesentliche von unwesentlichen Aufgaben oder Aufgabenaspekten zu unterscheiden. Für besonders wichtig (und gewichtig) halten wir die Kompetenz des *vernetzenden und innovativen Denkens,* also die Herstellung von Zusammenhängen mit anderen Thematiken und Fächern sowie das Einbringen neuer Ideen und Impulse.

Die Fähigkeiten, die eigenen Kenntnisse und Erkenntnisse sachangemessen darzustellen und in den Lernprozess der gesamten Gruppe zu integrieren, runden diesen Teilbereich ab.

Methodisches Lernen

Die Basis des methodischen Lernens bilden – insbesondere in offenen und projektförmigen Unterrichtsphasen – die sorgfältige *Beschaffung und Auswahl des Informationsmaterials,* das genaue *Prüfen des Materials* auf Seriosität und Ergiebigkeit sowie seine Ordnung, Sortierung und *Strukturierung.* Dazu kommt die sichere Beherrschung fachspezifischer Arbeitsmethoden und Lösungsstrategien.

Das selbstständige Aufstellen von *Zeitplänen* und die regelmäßige Kontrolle, ob diese Pläne eingehalten werden, sind ebenso wie die Formulierung von Teil- und Zwischenzielen in allen offenen Unterrichtsphasen wichtige Leistungskriterien. Im Bereich der methodischen Fähigkeiten spielt auch das *rhetorische Geschick* einer/eines Lernenden während der sachangemessenen Darstellung der Arbeitsergebnisse eine Rolle.

Der Umgang mit andersartigen Meinungen, die Fähigkeit, diese sachlich zu reflektieren und ebenso wie die eigene Meinung zu bewerten, bildet den letzten Aspekt des methodischen Lernens.

Die beiden noch folgenden Teilbereiche mündlicher Leistung überschneiden sich recht deutlich mit der Beobachtung bzw. Bewertung von Lern-, Arbeits- und Sozialverhalten! Wenn dieses also ohnehin gesondert gewertet und ggf. benotet wird, raten wir dazu, die mündliche Leistung auf die beiden oberen Aspekte zu reduzieren.

Sozialkommunikatives Lernen

Hier geht es (insbesondere in den unteren Klassen) zunächst einmal um das Erstellen von (Umgangs-, Gesprächs-, Arbeits-)Regeln und die Bereitschaft, diese Regeln auch einzuhalten. In höheren Klassen wird diese Qualifikation mehr und mehr durch die Fähigkeit zur effektiven Kommunikation mit hohem Informationsaustausch ersetzt.

Zum Bereich des sozialkommunikativen Lernens gehört auch, die eigene *Meinung argumentativ und sachlich zu vertreten* und auf Kritik sachlich zu reagieren, ohne persönlich zu werden.

Nicht zuletzt kennzeichnet die Bereitschaft zur Übernahme von Arbeit und von Verantwortung wichtige soziale Leistungsbereiche.

Selbst erfahrendes Lernen und Selbstbezug

Grundlage des selbst erfahrenden Lernens ist die differenzierte Wahrnehmung und Beschreibung der *eigenen Stärken und Schwächen* sowie die Fähigkeit und der Wille, sich selber Lern- und Verhaltensziele zu setzen und diese einzuhalten, ohne bei einem Misserfolg gleich völlig „einzubrechen". Diese Fähigkeiten münden idealerweise in die realistische und selbstkritische Einschätzung des eigenen Lernfortschritts. Zu diesem selbst erfahrenden Lernen gehört auch die wachsende Fähigkeit zur selbstständigen Überprüfung der eigenen Arbeitsergebnisse auf Angemessenheit und Richtigkeit.

Zum Abschluss bieten wir Ihnen auf S. 82 eine Checkliste zur Selbstkontrolle für die Lernenden an, mit der wir gute Erfahrungen im Bereich der Selbstmotivation und -kontrolle gesammelt haben.

Name: Klasse: Datum:

Checkliste zur mündlichen Beteiligung (Selbstkontrolle)

Liebe Schülerin/Lieber Schüler,
auf diesem Blatt findest du eine Checkliste zur mündlichen Beteiligung, mit der du selbst deine eigenen Leistungen einschätzen sollst. Sie wird von mir bei der Besprechung deiner mündlichen Leistungen berücksichtigt werden.

Gib dir bitte selber für jede Zeile eine Note in dem üblichen Notenschema von 1 (sehr gut) bis 6 (ungenügend):

Fach	**Note**
Ich melde mich während der Stunde mindestens einmal.	
Ich bin bereit, meine Hausaufgaben vorzutragen.	
Ich schaue Klassenkameraden beim Sprechen an.	
Ich stelle Verständnisfragen.	
Ich zitiere im Unterrichtsgespräch aus vorliegenden Texten.	
Ich begründe meine Meinung.	
Ich bemühe mich um das Verständnis anderer Auffassungen.	
Ich beginne meinen Beitrag mit der Zusammenfassung der Aussagen von Vorrednern, um mit meinen Aussagen daran anzuknüpfen.	
Ich fasse am Ende der Stunde die Ergebnisse zusammen.	

Was ich noch zu meinen mündlichen Beiträgen sagen möchte:

3.4 Haushefte und Mappen

Soll man die Führung eines Haushefts und/oder einer Unterrichtsbegleitmappe bewerten und benoten? In offenen Unterrichtsformen wie der Wochen- oder Themenplanarbeit ist dies ohnehin eine Selbstverständlichkeit, ohne die diese Methoden nicht funktionieren würden. Aber auch bei konventionellen, geschlossenen Unterrichtsformen sollte mindestens bis zum Ende der 10. Klasse die regelmäßige Bewertung von Heft und Mappe fester Bestandteil des Bewertungsrituals sein, selbst wenn es hier deutliche Überschneidungen mit den Kopfnoten für „Fleiß", „Sorgfalt" oder „Arbeitsverhalten" gibt. Die fachlich angemessene Führung eines Hefts ist eine wichtige Leistung im jeweiligen Fach. Wenn man den Lernenden zudem von Anfang an (schriftlich) die eigenen Ansprüche an Heft- und Mappenführung transparent macht, gibt es eine klare Basis für die Bewertung.

Fester Bestandteil des Bewertungsrituals

Das folgende Beispiel ist sprachlich wie vom Anspruchsniveau auf die Klassen 5/6 ausgerichtet, es kann aber problemlos an die komplexer werdenden Anforderungen der höheren Jahrgänge angepasst werden:

Ansprüche an die Haushefte und Unterrichtsbegleitmappen

1. Sie müssen vollständig sein (alle Papiere enthalten, Inhaltsverzeichnis, Nummerierung).
2. Sie müssen sauber geführt sein (gutes Schriftbild, saubere Zeichnungen).
3. Sie müssen in Ordnung gehalten sein (Papiere in der richtigen Reihenfolge).
4. Sie sollten übersichtlich gestaltet sein (Zusammengehöriges auf einer Seite bzw. übersichtliche Einteilung in Kapitel).
5. Sie können zusätzliche Materialien enthalten.

3.5 Produktionsorientierte Leistungen

Experimente im klassischen Sinn wird es im schulischen Leben wohl beinahe ausschließlich in den naturwissenschaftlichen Experimentalfächern Physik, Chemie und Biologie geben. Die Herstellung eigener Modelle zur Erläuterung und Illustration der Realität dagegen ist sicherlich auch in vielen anderen Fächern denkbar und sinnvoll – vom Sachunterricht der Grundschule etwa bis zum Politikunterricht der Oberstufe. Wie also kann die Qualität eines Experiments oder Modells sinnvoll und transparent beurteilt werden?

Das Experiment ist die *induktive Methode* schlechthin – plötzlich stellt sich eine Frage, etwas taucht auf, das man nicht erklären kann – und man greift nicht zum Lehrbuch, um sich die wohlfeile Erläuterung fertig vorsetzen zu lassen, sondern man will es selber ausprobieren, will durch die eigene Tätigkeit am konkreten Einzelfall zu globaleren Erkenntnissen gelangen.

Das Experiment ist *handlungsorientiert* – Vermutungen werden formuliert, ein Versuchsaufbau, der diese Hypothesen bestätigen (oder widerlegen) kann, wird erdacht und erbaut, und schließlich wird das Experiment durchgeführt.

Das Experiment ist *methodisch kontrollierte Tätigkeit.* Jeder andere, der das gleiche Experiment unter den gleichen Bedingungen durchführt, muss zu identischen Ergebnissen gelangen.

Es ist last, but not least, streng *regelgeleitet:* Die Ergebnisse müssen genau mit den vorher formulierten Hypothesen verglichen werden, um sie ganz oder teilweise (oder gar nicht) zu verifizieren. Störende Faktoren, die das Ergebnis verfälschen können oder verfälscht haben, müssen beseitigt und das Experiment muss wiederholt werden.

Experimente ergeben sich selten spontan, sondern müssen von der Lehrperson entsprechend vorbereitet werden. Da Experimente am wirkungsvollsten sind, wenn sie ein Überraschungsmoment in sich bergen, setzt die Inszenierung einer geplanten Experimentalsituation ein gewisses Maß an Geheimhaltung voraus.

Für die Durchführung eines Experiments ist eine ausgewogene Mischung aus *kognitiven* und *manuellen Fähigkeiten* nötig, also „Lernen mit Kopf, Herz und Hand" (PESTALOZZI) in seiner ursprünglichen Form. Insbesondere dem haptischen Lerntyp kommt das Experimentieren sehr entgegen.

Das Experiment als *hypothesen-* und *regelgeleitete Tätigkeit* erlaubt die unmittelbare Erfolgskontrolle des eigenen Denkens und Tuns. Entspricht der Versuchsverlauf den Erwartungen? Passt der Versuchsverlauf zu den Hypothesen? Erhalten wir bei der Versuchswiederholung das gleiche Ergebnis? Diese Fragen lassen sich im Regelfall direkt nach Ende des Experiments bearbeiten.

Die unmittelbare Erfolgskontrolle kann auch einen Misserfolg zeigen – dann sind Geduld und langer Atem notwendig, um die Fehlerquellen aufzuspüren und auszumerzen.

Besonders unbefriedigend ist es, wenn das Experiment aus Gründen scheitert, die nicht im Verantwortungsbereich der Schülerinnen und Schüler liegen und die sie nicht ändern können, weil ihnen etwa notwendige Kenntnisse noch fehlen oder das vorhandene Material Fehlerquellen produziert. Eine sorgfältige Vorbereitung der Experimentalsituation ist daher unbedingt notwendig, sonst wird aus dem fruchtbaren Moment im Bildungsprozess leicht der „frustrierende Moment".

Drei Arten von Experimenten

Wir unterscheiden bei der Beurteilung von Experimenten drei unterschiedliche Vorgehensweisen:

1. *Vorgegebenes Experiment:* Eine Schülerin/ein Schüler oder eine Gruppe von Schülerinnen/Schülern erhält als Vorlage eine Versuchsanleitung mit entsprechender Hypothese, die es zu belegen gilt. Das Experiment wird entsprechend den Vorgaben und den bereitgestellten Materialien durchgeführt.
2. *Angeleitetes Experiment:* Eine Schülerin/ein Schüler oder eine Gruppe von Schülerinnen/Schülern versucht mit geeigneten Materialien und einem entsprechenden Versuchsaufbau eine vorgegebene Hypothese zu beweisen oder zu widerlegen.
3. *Freies Experiment:* Eine Schülerin/ein Schüler oder eine Gruppe von Schülerinnen/Schülern formuliert eine Hypothese und plant selbstständig ohne Anleitung einen geeigneten Versuch mit entsprechenden Materialien zur Bestätigung der Vermutungen. Auftretende Fehler behindern nicht das Experiment, sondern führen dazu, dass die Vorgehensweisen noch einmal hinterfragt werden.

Diese drei Verfahren unterscheiden sich im Grad der Kreativität, der Anforderung und der Selbstständigkeit. Bei der Bewertung eines Experiments sollten diese Kriterien eine Rolle spielen. Dabei liegt das Augenmerk auf der Planung, der Durchführung, der Auswertung und der Dokumentation des Experiments.

Für die Arbeit mit *Modellen* und ihre Bewertung gelten ähnliche Bedingungen. Geklärt werden sollte im Voraus, ob mit einem schon vorhandenen Modell eine Theorie bestätigt werden soll (Modell als Hilfsmittel), ob das Modell zur Simulation dient (z. B. Computersimulationen) oder ob die/der Lernende anhand eines selbst entwickelten Modells die Funktionalität einer Sache erläutert.

3.6 Darstellerische Leistungen

Szenische Darstellungsformen wie Standbilder, Texttheater, Rollenspiele, szenische Interpretationen oder kurze gespielte Theaterszenen sind deutlich schwieriger zu bewerten, da jedes Urteil in diesem Bereich stark subjektiv geprägt ist. Aber auch hier kann man durchaus Teilbereiche der darstellerischen Leistung herausarbeiten und quantifizieren.

Neben die produktionsorientierten, offenen Formen der schriftlichen Leistungsüberprüfung in Klassenarbeiten und Klausuren etwa des Deutschunterrichts oder des Fachs „Darstellendes Spiel“ treten Kriterien zur Beurteilung der ganzheitlichen Präsentation im und durch das Spiel.

Rollenbiografien und -monologe

Noch relativ nah am konventionellen Literaturunterricht ist dieser Teilbereich. Eine Rolle (eine Figur in einem Theaterstück) wird auf das für sie Wesentliche reduziert, ihr Wesenskern wird herausgearbeitet und dann in einem zweiten Schritt szenisch dargestellt. Der/dem Bewertenden stellen sich die Fragen, ob die Situation und die Reduktion angemessen sind, ob die dargestellte Figur entwickelt und differenziert wird und ob die Intention derAutorin/des Autors bzw. der Regisseurin/des Regisseurs präzise getroffen wird.

Schauspielerische Leistung

Wie gestaltet die/der Lernende die Rolle durch mimische, gestische und weitere *körpersprachliche Mittel?* Wie gestaltet sie/er den sprachlichen Duktus? Daneben sind Bewertungskriterien wie der Umgang mit Requisiten, mit dem Bühnenraum und der Kulisse wichtig.

Schauspielerische Arbeit ist in sehr hohem Maße *Teamarbeit,* daher schlagen wir vor, den Fokus der Aufmerksamkeit auch auf diesen Bereich zu richten: Wie geht die/der Lernende mit Kritik um und wie kritisiert sie/er andere? Auch die Bereitschaft, Verantwortung für die Aufführung zu übernehmen, die Verlässlichkeit und die Teamfähigkeit spielen eine wichtige Rolle bei der Bewertung.

Gestaltung der äußeren Rahmenbedingungen

Entwickelt die/der Lernende *kreative Fantasie* im Entwurf des Bühnenbilds und ist sie/er in der Lage, diese handwerklich umzusetzen? Die gleichen Fragen stellen sich in Bezug auf Kostüme und Maske. Ein weiterer Gesichtspunkt ist die Beherrschung der technischen Elemente wie Licht, Akustik etc. Falls es zu einer schulinternen oder öffentlichen Aufführung kommt, kann man auch das Engagement in Bezug auf die Öffentlichkeitsarbeit bewerten. Das Problem bei diesen Bewertungsprozessen liegt in der Flüchtigkeit des Augenblicks und damit der Handlungen. Dokumentationen (Video, Fotos) können hier eine Basis der intersubjektiven Verständigung schaffen. Ebenfalls in der Praxis bewährt: die Grundidee der szenischen Interpretation zu *materialisieren.*

In einem konkreten Fall resultierte daraus die Aufgabe, Fotoaufnahmen von Standbildern zu machen, für die Gruppe bedeutsame auszuwählen und diese in ein Plakat zu integrieren, das zur Ankündigung einer Aufführung dienen sollte. Die Kriterien für die Gestaltung des Plakates wurden zu Beginn mit den Lernenden vereinbart, die Entstehung in einem individuellen Prozessbericht reflektiert. Die Gestaltung des Plakates und die Reflexion waren Gegenstand der Bewertung durch Lernende und Lehrpersonen.

Stationen auf dem Weg zu einer lernförderlichen Leistungsbewertung

Leistungsbewertung und Rückmeldung sollten in die allgemeine Lernkultur einer Schule eingebettet sein und im Einklang mit Individualisierung und Kompetenzorientierung stehen. Jede Schule muss dabei die Formen finden, die zu ihren Bedingungen passen und ihre Entwicklung produktiv voranbringen.

Kapitel als Grundlage für Fortbildung nutzbar

Dieses Kapitel kann man ebenso wie die anderen Teile des Buches für sich allein lesen und nutzen, es kann aber auch als Vorlage für eine selbst organisierte Fortbildung unter Kollegen dienen.

In den einzelnen Punkten werden zunächst die Themen bzw. die Fragestellungen beschrieben, die sich erfahrungsgemäß ergeben, wenn Individualisierung und Kompetenzorientierung in Zusammenhang mit der Entwicklung einer lernförderlichen Leistungsbewertung betrachtet werden.

Wo es sich anbietet, schließen sich konkrete Diskussionsanregungen an, die sich bereits in verschiedenen Veranstaltungen der Lehrerfortbildung bewährt haben. Praktische Beispiele machen die Aussagen anschaulicher und nachvollziehbar.

Dieser Teil enthält viele Anregungen zum Transfer auf die eigene Praxis, was im Übrigen der Kern unseres Anliegens in diesem Kapitel ist. Unter 4.7 werden etliche Kopiervorlagen abgedruckt, die zu den folgenden Themenbereichen des Kapitels passen.

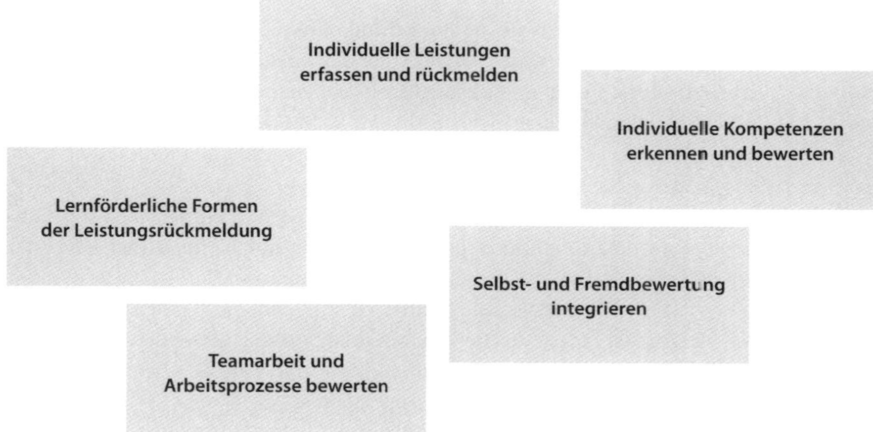

4.1 Individuelle Leistungen erfassen und rückmelden

Worum geht es?

Leistungsbewertung in der Schule ist eine Erwachsenenreaktion auf eine kindliche oder jugendliche Leistung. Schülerinnen und Schüler sollten verstehen, welche Kriterien der Bewertung zugrunde liegen, und lernen, was eine Leistung zu einer guten Leistung macht. Auch aus Fehlern kann man lernen, allerdings taucht diese Gelegenheit in einer Klausur oder Prüfung zum falschen Zeitpunkt auf. Aber verstreichen lassen sollte man sie nicht.

Voraussetzung ist, dass sowohl die Lehrkräfte als auch die Lernenden Fehler als „Zwischenschritte" ansehen. Es gilt, die Strategie oder die Regel zu erkennen, deren Anwendung zu dem Fehler geführt hat, und diese zu korrigieren. Die Klassifizierung eines Fehlers ist ein erster Schritt dahin. Es ist auch möglich, vor oder gar statt der formalen Korrektur (z. B.: „dreimal das Wort richtig schreiben") die Lernenden zur Fehleranalyse anzuleiten.

Welche Optionen haben Sie?

1. Noten durch Bemerkungen zu den Lernfortschritten kommentieren (Problem: Wie werden die Fortschritte registriert?)
2. Rückmeldungen standardisieren
3. Stellungnahmen der Lernenden zu den Rückmeldungen mit einbeziehen
4. Reflexion als Abschluss einer Klausur/Lernleistung einbauen

1. Noten durch Bemerkungen zu den Lernfortschritten kommentieren

Schriftliche Kommentare zu den Noten sind bei Klassenarbeiten üblich, mündliche Kommentare auch bei anderen Formen der Leistungsüberprüfung. Meist begründen sie die Bewertung punktuell in Bezug auf die Anforderungen. Bei gleichen oder aufeinander aufbauenden Themen von Klassenarbeiten oder in Bezug auf Basisqualifikationen, die auch bei unterschiedlichen Aufgabenstellungen vergleichbar sind (z. B. Rechtschreibung, Ausdrucksfähigkeit), lassen sich Lernfortschritte am ehesten festhalten und beschreiben. Hier könnten Sie beginnen.

Schülerinnen und Schüler nehmen ihre Lernentwicklung zuerst sehr subjektiv wahr. Die Orientierung an Teilaspekten und Kriterien ist ein erster Schritt, die subjektive Wahrnehmung zu ordnen und Vergleiche zu ermöglichen. Die Aufmerksamkeit kann sich z. B. auf die Wahrnehmung des Schwierigkeitsgrades, auf die Anstrengung, auf das Interesse an dem Themenfeld, auf die Qualität der Vorbereitung und den Zusammenhang von Unterricht und Leistungsüberprüfung richten.

Die Dokumentation der Daten durch die Schülerinnen und Schüler selbst richtet die Aufmerksamkeit auf die Aspekte, die die Leistung beeinflussen, und zwingt sie dazu, Bilanz zu ziehen.

2. Rückmeldungen standardisieren

Um wirksame Hilfen durch einen Kommentar zu geben, müssen Sie in der Lage sein, besondere Schwächen diagnostizieren zu können. Die Kommentare sollten darum neben der Dokumentation des Entwicklungsstands (Vergleich zwischen Vorleistungen und aktueller Leistung) gezielte Hinweise zum Ausbau von Stärken und zum Abbau von Schwächen enthalten. Die Chance, aus Fehlern zu lernen, wird so erhöht. Bei dieser Form der Rückmeldung hilft ein standardisiertes Verfahren, in dem vorformulierte Bausteine am PC je nach Situation kombiniert werden können. Das können z. B. für den Aufsatzunterricht solche Formulierungen sein:

> Du kannst dich verbessern, indem du
> 1. dir noch mal vergegenwärtigst, welche Anforderungen dieser Aufsatztyp genau von dir verlangt,
> 2. den Text aufmerksamer liest und dir am Rand Notizen zum Inhalt machst,
> 3. zuerst einen Schreibplan aufstellst und diesen dann Punkt für Punkt abarbeitest,
> 4. zum Schluss deinen Text auf Rechtschreibung- und Zeichensetzungsfehler durchliest. [...]

3. Stellungnahmen der Lernenden zu den Rückmeldungen mit einbeziehen

Voraussetzung für das Gelingen der kommunikativen Validierung ist, dass Ihr Feedback allgemeinen Regeln folgt. Hilfreich sind dabei folgende Verhaltensweisen:

- sich in die Situation der Schülerin/des Schülers einfühlen,
- sich verständlich und nicht ironisch ausdrücken,
- sich an der Situation und den Aufgaben/Zielen orientieren,
- mit der/dem Lernenden im Voraus Vereinbarungen treffen,
- sich auf konkrete Handlungen beziehen,
- Gefühle in die Rückmeldung integrieren,
- voreilige Werturteile vermeiden,
- keine Vor-Urteile verbalisieren,
- das Feedback in den Prozessablauf einpassen,
- der/dem Lernenden unmittelbar realisierbare Anregungen geben.

Was tun, wenn eine Schülerin/ein Schüler nicht alles aus Ihrem Feedback verstanden hat? Eine einfache Form, um herauszufinden, was genau

Schwierigkeiten machte, sind Fragen, die eine gute Grundlage für ein Gespräch bilden. In dieser „Rückmeldung zur Rückmeldung" liegt viel Potenzial. Die Fragen können z. B. lauten:

1. Welcher Satz in dem Kommentar gefällt dir am besten? Schreibe den Satz auf.
2. Gibt es in dem Kommentar einen oder mehrere Sätze, die dir gar nicht gefallen? Wenn ja, welche(r)?
3. Was siehst du anders?
4. Findest du die Note für deine Leistung passend, zu gut oder zu schlecht? [...]

4. Reflexion zum Abschluss einer Klausur / eines Leistungsnachweises einbauen

Wenn im Kontext eines Leistungsnachweises Lernende zur Reflexion angehalten werden, schult dies ihre Wahrnehmung der eigenen Leistung. Wenn es sogar Teil der Gesamtaufgabe ist, steigt vermutlich die Aufmerksamkeit für die Faktoren, die die Leistung beeinflussen. Je nach Stand der Lern- und Selbststeuerungskompetenz kann es neben dem sachbezogenen Teil einen Aufgabenteil zur Reflexion geben, in der die Schülerinnen und Schüler

- ihre Stärken und Schwächen in der Bearbeitung der Aufgaben beschreiben,
- einen Vorschlag zur Bewertung begründen,
- einen Vorschlag zur Aufarbeitung der wahrgenommenen Defizite machen. Auch in schriftlichen Arbeiten oder Klausuren ist diese Reflexionsleistung möglich, allerdings muss dafür ausreichend Zeit sein. Klausuren über zwei Unterrichtsstunden in der Oberstufe sind zu kurz.

Welche praktischen Folgen ergeben sich für Ihren Unterricht?

Lernenden realistische Selbsteinschätzung ermöglichen

In der Schule sollen Lernende zu einer realistischen Selbsteinschätzung kommen können. Die Leistungsrückmeldung ist dafür die eigentliche Lernumgebung. Allerdings ist es für sie oft nicht leicht, aus den Rückmeldungen die erforderlichen Informationen herauszulesen. Achten Sie darauf, dass in den Rückmeldungen beschrieben wird, was in Bezug auf die Aufgabenstellung geleistet wurde und was erwartet werden konnte. Weisen Sie auch konkret auf geeignete bzw. weniger geeignete Methoden der Vorbereitung hin. Allgemeine Ausführungen über den Wert von Fleiß oder zur Auswirkung von fehlenden Hausaufgaben sind zu allgemein und helfen wenig.

Zwei Instrumente können den Sachbezug in der Rückmeldung verstärken: Rückmeldebögen, wie sie zunehmend in den Schulen eingesetzt werden, und die Formulierung von Kompetenzstufen oder mindestens die differenzierte Festlegung der Mindestanforderung. Sie könnte sich an den Anforderungsbereichen orientieren, wie sie in den Prüfungshinweisen fürs Abitur genannt sind, und Reproduktionsleistungen, Reorganisations- bzw. Transferleistungen sowie Reflexion und Problemlösung unterscheiden.

Soll die Rückmeldung mit einer Ziffernnote abgeschlossen werden, müssen Sie dafür eine gut überlegte Entscheidung treffen. Steht erst mal eine Ziffer neben den anderen verbalen Ausführungen, geraten Letztere schnell ins Hintertreffen und werden viel weniger beachtet. Machen Sie trotzdem im Text differenzierte Angaben, die die Vergabe der Note begründen und unterstützen.

Neben dem Ergebnis sollten die Rückmeldungen an die Lernenden auch eine Beschreibung der von der Lehrperson erkannten oder vermuteten Strategien der/des Lernenden enthalten. Hier ist eine erste Aufgabe zur kommunikativen Validierung gegeben: „Habe ich die Strategien richtig beschrieben, die du angewandt hast?“, statt: „Fühlst du dich gerecht beurteilt?“ Voraussetzung für das Gelingen dieser Validierung ist, dass Sie Beschreibung und Bewertung voneinander trennen, sodass die/der Lernende sie einzeln betrachten und überprüfen kann.

Wenn Sie der/dem Lernenden eine Empfehlung zum strategischen Vorgehen geben wollen, muss sie/er daraus ablesen können, ob die bisherige Strategie nur verbessert und verfeinert werden oder ob sie/er sich eine völlig neue Strategie überlegen sollte. Nur dann kann sie/er die Empfehlung auf nachfolgende Aufgaben übertragen.

Unter dem Blickwinkel systemischer Betrachtung wird den internen Verarbeitungsprozessen zunehmend mehr Beachtung geschenkt. Die Intention, mit der eine Rückmeldung von der Lehrperson gegeben wird, entspricht nicht unbedingt dem tatsächlichen Effekt. Die eigene Bewertung durch die Schülerinnen und Schüler, mit anderen Worten die innere Rückmeldung (vgl. WINTER 2004, 178), bestimmt den Lerneffekt.

Hier sind Sie auf die sogenannte Metakommunikation und ihre Strategien angewiesen. Das heißt, dass Rahmenbedingungen für vertrauensvolle Gespräche geschaffen werden müssen und dass zum Abschluss eines Gesprächs ein Feedback eingeholt wird, um Missverständnisse und daraus eventuell entstehende Blockaden für Folgegespräche zu vermeiden.

Anregungen zur Diskussion

Zu dieser Thematik liegen sicher ausreichende Erfahrungen aus der individuellen Praxis vor, auf die Sie zurückgreifen können. Wir schlagen darum vor:

- Verständigen Sie sich auf zwei oder drei für Sie relevante Optionen für die Optimierung der Leistungsbewertung.
- Tauschen Sie sich über Ihre Erfahrungen mit Ihren Kolleginnen und Kollegen aus. Werten Sie diese aus und versuchen Sie, zu einer gemeinsamen Empfehlung von Schritten zu kommen, die für andere Kolleginnen und Kollegen interessant sein und die Praxis der Schule insgesamt befördern könnten.

4.2 Individuelle Kompetenzen erkennen und bewerten

Die großen Schulleistungsstudien und die darauf folgenden Bildungspläne haben die Kompetenzorientierung in die Unterrichtsentwicklung gebracht. Für die praktische Umsetzung der Bildungsstandards und die damit verknüpfte Orientierung an Kompetenzen gibt es allerdings noch keine Routine. Es gelingt Schulen aber immer besser, die Umsetzung der Bildungspläne, die Orientierung an Kompetenzen und die Individualisierung des Lernens in einem Lernkonzept zu verbinden.

Worum geht es?

In der Schule sollen Schülerinnen und Schüler zu einem *realistischen Selbstbild* kommen können. Das gilt für den Stand ihrer Leistungen in Bezug auf die geforderten fachlichen Standards. Schülerinnen und Schüler benötigen dazu einen verständlichen Referenzrahmen, wenn sie sich nicht nur auf die Fremdeinschätzung verlassen wollen. Die Kompetenzraster sind eine Methode, das umzusetzen.

Zu einem realistischen Selbstbild gehört auch, die eigene Leistungsentwicklung zur Kenntnis zu nehmen und daraus Zutrauen zu entwickeln, mit angemessenen Aufgaben auch in Zukunft erfolgreich umgehen zu können. Erste Voraussetzung dafür ist, zwei Orientierungspunkte voneinander zu trennen. Als Erstes gilt es, die Leistungen auf vorher benannte und klar abgrenzbare Kriterien zu beziehen, u. U. im Vergleich mit den Leistungen anderer Schülerinnen und Schüler. Zum Zweiten wird die Leistung in dem Kontext der individuellen Leistungsentwicklung eingeordnet.

Welche Optionen haben Sie?

1. Individuell nutzbare, den einzelnen Kompetenzstufen zugeordnete Tests
2. Dokumentation der Leistungsentwicklung in Kompetenzrastern oder Portfolios
3. Zusammenfassende Rückmeldungen in Lernentwicklungsberichten

1. Individuell nutzbare, den einzelnen Kompetenzstufen zugeordnete Tests

Am augenfälligsten wird der Wandel im Unterricht in den *Lernbüros*, wie sie von den Schulen entweder als Ergänzung zum Fachunterricht oder zum Erwerb der Basiskompetenzen in den Kernfächern eingerichtet werden. Das Lernbüro kann zu festen Zeiten außerhalb des Stundenplans geöffnet sein oder direkt in den Unterricht integriert werden. Merkmale des Lernbüros sind:

Lernbüro einführen

- Es gibt einen festen Basisraum mit umfangreichen Arbeitsmaterialien, Bibliotheks- und Internetzugang. Daneben ist das Lernbüro während der Integrationsphasen in den Unterricht aber auch mobil.
- Schülerinnen und Schüler können sich mithilfe der Materialien und Medien Unterrichtsinhalte aneignen, wiederholen, vertiefen und festigen oder einfach ihre Hausaufgaben erledigen.
- Die Lernenden orientieren sich am individuellen Lernstand und Lerntempo und an ihren Interessensschwerpunkten.
- Die Arbeit im Lernbüro kann freiwillig oder auf Weisung der Fachlehrerin/des Fachlehrers erfolgen.
- Lehrpersonen und ältere Lernende (Tutoren) stehen für Fragen zur Verfügung und helfen nach Aufforderung bei der Lernorganisation.
- Die Wahl der Lern- und Sozialformen bestimmt die/der Lernende selbst.
- Das Wissen um die Möglichkeit, bei Bedarf Hilfe zu erhalten, ist Grundlage des hier getroffenen Lernarrangements.
- Die Leistungsrückmeldung erfolgt in Form von Lernentwicklungsgesprächen, schriftlichen Berichten und Zertifikaten für erfolgreich abgeschlossene Sequenzen.

Im Mittelpunkt steht der Erwerb von Basiskompetenzen, deren Systematik sich in Lernplänen (Kompetenzrastern, Themenplänen, Arbeitsplänen, Lernlandkarten oder Förder-/Forderplänen) abbildet. Für die Lernprozesse werden Aufgaben und Materialien in Bausteinen entwickelt. Die Lernprozesse werden in Logbüchern, Portfolios oder Lernjournalen dokumentiert. Das Erreichen von Zielen wird kontrolliert und gekennzeichnet. Die Lehrkräfte beraten die Lernenden individuell und treffen mit ihnen Vereinbarungen über die nächsten Schritte oder entwickeln mit ihnen Lösungsideen für persönliche Probleme, die das Lernen behindern. Sie entscheiden auch, ob die Schülerinnen und Schüler reif sind für den nächsten Schritt im individuellen Lernplan.

Die Wochenpläne, die Kompetenzraster und die Checklisten ermöglichen es der/dem Lernenden, sich jederzeit ein Bild über den Leistungsstand zu verschaffen. Darüber hinaus spricht die Klassenlehrerin/der Klassenlehrer mit jeder/jedem Lernenden über die erledigten und die neuen Arbeitspläne. In diesen Gesprächen erfährt die/der Lernende den Stand auf ihrer/seiner Kompetenzstufe, und erhält Hinweise für die weitere Arbeit.

Die Lernfortschritte werden durch Punkte auf den Kompetenzrastern festgehalten. Viele Themenbereiche schließen mit einem Test ab, den jede/jeder Lernende einzeln zu dem Zeitpunkt schreibt, wenn sie/er genügend darauf vorbereitet ist. Die Lernenden können ihr erworbenes Wissen auch über „Produkte" nachweisen. Das können selbst gestaltete Mappen, kleine Vorführungen oder Präsentationen sein. Am Ende des Schuljahres werden Arbeitsergebnisse, die die Lernenden selbst als besonders gelungen betrachten, im Portfolio abgeheftet (vgl. Paradies/Wester/Greving 2010).

2. Dokumentation der Leistungsentwicklung in Kompetenzrastern oder Portfolios

Die verbalisierten Formen in der Leistungsrückmeldung erfordern einen hohen Zeitaufwand, wenn sie sorgfältig und individuell erstellt werden. Auch deshalb sind Schulen auf der Suche nach Instrumenten, die sowohl die individuelle Lernentwicklung als auch den aktuellen Lernstand in Bezug auf die im Curriculum ausgewiesenen Ziele übersichtlich darstellen lassen.

Die *Kompetenzraster* bieten diese Möglichkeit. Durch die für alle Lernende eines Jahrgangs oder eines Bildungsabschnitts gleiche Grundstruktur der Kompetenzraster lässt sich eine Einordnung im Gefüge einer Lerngruppe auch schneller ermitteln als z. B. in einem Lernentwicklungsbericht.

Kompetenzraster gibt es in unterschiedlichen Varianten und Funktionen. Für die Leistungsrückmeldung werden entweder auf dem Kompetenzraster Markierungen vorgenommen, die in einem Kompetenzbereich die Ausgangssituation, das für einen bestimmten Zeitraum vereinbarte Ziel und den aktuellen Stand in den Leistungsnachweisen beschreiben. Oder die im Curriculum der Schule vereinbarten Kompetenzen werden, dem Unterricht angepasst, näher aufgeschlüsselt. Die Qualität, in der die Ziele erreicht wurden, ist auf einer abgestuften Skala abzulesen, wie im Beispiel auf der folgenden Seite gezeigt wird. Am häufigsten wird der Grad der Sicherheit (sicher – unsicher) gewählt, mit der eine Kompetenzanforderung bewältigt wird. Oder der Umfang (voll erreicht – nicht erreicht) wird zur Differenzierung herangezogen. Noch selten zu finden sind qualitative Unterscheidungen z. B. nach dem Grad der Selbstständigkeit, mit der die Aufgaben aus dem Kompetenzfeld bewältigt werden, oder nach der Kompetenzstufe.

Beispiel Kompetenzraster aus einem Lernentwicklungsbericht für das Fach Mathematik, Jahrgang 5				
	sicher	**überwiegend sicher**	**teilweise sicher**	**unsicher**
Du kannst statistische Daten erheben, darstellen und auswerten.				
Du kannst Größen umwandeln und mit ihnen rechnen.				
Du kannst selbstständig eine Verpackung herstellen und präsentieren.				

Alternativen für die Abstufungen in der Kopfzeile:

Mit genauer Vorgabe oder nach Vormachen	Mit Unterstützung bei der Planung und Einteilung	Selbst organisiert/ selbst gesteuert	Eigenständig inkl. der Aufgabenstellung

Du hast das nötige Fachwissen.	Du kannst das Wissen anwenden.	Du kannst die einzelnen Schritte planen und den Nutzen einschätzen.	Du kannst den anderen Schülerinnen und Schülern helfen.

Schulen nutzen die Kompetenzraster, die hier eher als Beurteilungs- oder Bewertungsraster fungieren, für die Einzeldarstellung fachlicher oder überfachlicher Kompetenzen. Zurzeit sind die Kompetenzraster in der Regel in einen Lernentwicklungsbericht oder ein traditionelles Zeugnis eingebunden, weil erst in wenigen Schulen für alle Fächer Kompetenzraster erstellt sind. Sie können auch Teil eines Portfolios sein.

Einen ersten Entwurf für das Fach „Weltkunde“ mit den einzelnen zu erreichenden Kompetenzen gibt es in Schleswig Holstein (MINISTERIUM FÜR SCHULE KIEL 2015), siehe auf der folgenden Seite.

		sicher	überwiegend sicher	teilweise sicher	überwiegend unsicher	unsicher
	Weltkunde					
1.	**Leitkompetenzen zu Raum, Zeit und Gesellschaft** z. B. zur Lösung von raumbezogenen Problemen beitragen; sinnstiftend über Vergangenes erzählen und sich an der Gestaltung unserer Gesellschaft beteiligen	☐	☐	☐	☐	☐
2.	**Erschließungskompetenz** z. B. Fragen stellen an die Vergangenheit, an die Gesellschaft und an geographische Sachverhalte; Texten, Fotos, Modellen, Zeichnungen, Schaubildern, Karten und technisch gestützten Quellen Informationen entnehmen	☐	☐	☐	☐	☐
3.	**Sachurteilskompetenz** z. B. Sachverhalte räumlich, zeitlich und gesellschaftlich einordnen und Zusammenhänge herstellen	☐	☐	☐	☐	☐
4.	**Bewertungskompetenz** z. B. in Karten, Erzählungen und Medienprodukten wertende Sinnbildungsmuster erkennen und Sachverhalte im Hinblick auf Werte und Normen bewerten	☐	☐	☐	☐	☐
5.	**Handlungskompetenz** z. B. Maßnahmen vorschlagen und bewerten, die Nachhaltigkeit, Gleichstellung, Grundwerte und Partizipation fördern	☐	☐	☐	☐	☐
6.	**Kommunikationskompetenz** z. B. Sachverhalte zu den Kernproblemen unter Verwendung von Fachsprache ausdrücken; Arbeitsergebnisse sprachlich angemessen und unter Zuhilfenahme digitaler und analoger Medien präsentieren	☐	☐	☐	☐	☐
	Ergänzungen zum Fach:					

Das Institut Beatenberg in der Schweiz zeigt auf seiner Website ebenfalls verschiedene Kompetenzraster (zu vielen Fächern oder zur Lernkompetenz) und liefert Erläuterungen dazu.

Das *Ziel* von Kompetenzrastern ist die Stärkung der Selbststeuerung des Lernens durch die Schülerinnen und Schüler. Ein Kompetenzraster ist eine Folie, in der die Einzelkompetenzen mit Aufgaben unterlegt sind. Nur in Kombination mit den Aufgaben können Lernende und vor allem Eltern die Leistungen konkret erkennen, die erbracht sind, und eine Prognose entwickeln, die den Leistungsfortschritt beschreibt.

Deshalb empfehlen wir vor allem für Lehrperson-Eltern-Gespräche: Wählen Sie typische Aufgaben aus, die das Kind bereits lösen kann, und solche Aufgaben, die es nur mit einer Erweiterung der Kompetenzen lösen wird, um anschaulich zu machen, wohin der Weg führen soll.

Zusammenstellung von Lerndokumenten in Portfolios

Als *Portfolios* werden im Bildungsbereich Zusammenstellungen von Dokumenten bezeichnet, die die Lernbiografie eines Individuums dokumentieren. F. WINTER bietet in einem „Schnellkurs-Portfolio“ auf einer sehr informativen Homepage (https://www.portfolio-inp.ch/) unter dem Stichwort „Material – Textbeiträge“ eine Definition in sieben Sätzen an:

Ein Portfolio ist eine Sammlung von Dokumenten, die unter aktiver Beteiligung der Lernenden zustande gekommen ist und etwas über ihre Lernergebnisse und Lernprozesse aussagt.
Den Kern eines Portfolios bilden jeweils ausgewählte Originalarbeiten.
Zu ihren Arbeiten erstellen die Lernenden Reflexionen, die auch Teil des Portfolios werden.
Für das Anlegen eines Portfolios werden in der Regel gemeinsam Ziele und Kriterien formuliert, an denen sich die Lernenden orientieren können, wenn sie für ihr Portfolio arbeiten und eine Auswahl von Dokumenten zusammenstellen.
Portfolios werden in einem geeigneten Rahmen präsentiert und von anderen Personen wahrgenommen (z. B. Mitschülerinnen und Mitschüler).
Anhand von Portfolios finden Gespräche über Lernen und Leistung statt.
Die in Portfolios dokumentierten Leistungen werden von der Lehrperson bewertet und kommentiert – in ähnlicher Weise machen das auch die Lernenden selbst.

Portfolios können für unterschiedliche Zwecke genutzt werden. WINTER unterscheidet in dem Schnellkurs zwischen einer Bildungsmappe, in der Leistungsnachweise für einen längeren Bildungsabschnitt gesammelt werden, und einem Kurs-Portfolio bzw. einem Portfolio im Einzelunterricht, in dem

[…] die Arbeit und Entwicklung der Lernenden anhand ausgewählter Arbeiten dargestellt, reflektiert und bewertet wird. Dieses Portfolio ermöglicht ein offenes, dialogisches, stärker differenziertes, individualisiertes, förderorientiertes Arbeiten im Unterricht. Es dient der Ausbildung der Reflexion im unmittelbaren Lernzusammenhang. Der Unterricht muss daraufhin geplant und zugeschnitten sein.

Eine neue Möglichkeit bietet das E-Portfolio (Elektronisches Portfolio) als digitale Form, das die neuen Medien zur Umsetzung des bewährten Konzeptes nutzt. Das E-Portfolio bietet die Möglichkeit, sich selbst sowie erbrachte Leistungen darzustellen. Dazu können unter anderem Medienformen wie der Blog und die Profilseite verwendet werden.

Zentrales Anliegen der Portfolioarbeit in allen Varianten ist die Leistungsorientierung. Es ist wichtig, Leistungen in verschiedenen Foren regelmäßig öffentlich zu präsentieren, damit sie angemessen wahrgenommen werden können und über die Rückmeldungen eine Basis für die Reflexion und Selbsteinschätzung gefunden werden kann. Darin unterscheidet sich das Portfoliokonzept auch deutlich von der Nutzung der Kompetenzraster in der Leistungsbewertung, die eher auf die kognitiven Kompetenzen, an Bildungsplänen orientiert, fokussiert sind.

3. Zusammenfassende Rückmeldungen in Lernentwicklungsberichten

In Noten lassen sich individuelle Kompetenzentwicklungen nicht angemessen darstellen. Deshalb sind vor allem Gesamtschulen, die die Heterogenität ihrer Schülerinnen und Schüler ja geradezu suchen, und Grundschulen schon lange auf eine andere Form der Rückmeldung ausgewichen, den Lernentwicklungsbericht, auch „Gutachtenzeugnis" genannt. In ihm finden sich besser als in den Notenzeugnissen Anknüpfungspunkte zur Beantwortung der Frage, wie die Lernentwicklung angesichts der individuellen Lernvoraussetzungen (Individualnorm) zu bewerten und zu optimieren ist. Fachliche Anforderungen (Sachnorm, Standards) bilden den Orientierungsrahmen zur Verortung, der Leistungsstand der Lerngruppe (Sozialnorm) kann für die realistische Einschätzung eine wichtige Hilfe bieten.

Die IGS Lengede hat auf ihrer Homepage ausführlich beschrieben, was sie unter einem Lernentwicklungsbericht versteht.

> *Die sogenannten Lernentwicklungsberichte – kurz LEBs – ersetzen in Gesamtschulen die Ziffernzeugnisse. Die Lernleistungen – heute spricht man von Kompetenzständen – werden an der IGS Lengede pro Fach auf einer DIN-A4-Seite dargestellt. Hinzu kommen eine Titelseite mit der Rückmeldung zum Arbeits- und Sozialverhalten sowie den Stärken des Schülers, eine Seite über die Arbeit während der mehrwöchigen Projektphasen sowie ein vom Schüler selbst geschriebener „Schülerbrief". In dem Schülerbrief reflektieren die Kinder und Jugendlichen die Lehr- und Lernprozesse des vergangenen halben Jahres aus ihrer Sicht. Dazu gehört auch, dass sie schreiben, was ihnen gut gefiel und was eher nicht.*
>
> *(www.igs-lengede.de/lernentwicklungsberichte.html aufgerufen am 24. 4. 2023)*

In den Lernentwicklungsberichten bildet sich in der Regel das jeweilige *Lernkonzept der Schule* ab. Die Schulung von Lernkompetenzen, der Erwerb der fachlichen Basiskompetenzen im Lernbüro, die Arbeit in der Werkstatt oder im Projekt werden beschrieben und mit Blick auf zukünftige Anforderungen bewertet. Die Formen können dabei variieren. Verbalberichte, häufig in Form und Sprache eines Briefes formuliert, sind in den Gesamtschulen entwickelt und schon lange praktisch erprobt. Zunehmend versuchen Schulen, weniger Zeit fordernde Formen zu entwickeln, z. B.

durch eine Kombination von Kommentierungen und der Nutzung von Rastern.

Im Internet finden Sie mit dem Suchwort „Lernentwicklungsbericht" bei Suchmaschinen etliche Muster, meist von Grund- oder Integrierten Gesamtschulen. Auf den folgenden Seiten haben wir ein Beispiel von einem Begleitblatt für Eltern und einen Auszug aus einem Lernentwicklungsbericht unverändert abgedruckt. Diese Seiten hat uns die IGS Lengede freundlicherweise zur Verfügung gestellt.

Anregungen zur Diskussion

- Erstellen Sie gemeinsam mit Fachkolleginnen und Fachkollegen Kompetenzraster für Ihr Fach.
- Überlegen Sie, wie aus Ihrer Sicht ein Lernentwicklungsbericht aufgebaut sein sollte, sodass sich die Arbeit in Grenzen hält, aber trotzdem eine individuelle Bewertung erfolgen kann.
- Klären Sie in einem Brainstorming, was zu einem gut bestückten Portfolio gehören kann und was dort nicht hineinpasst.

Integrierte Gesamtschule Lengede

Qualitätssicherung		Aktenplan:	4.4.5
verantwortlich:	Jsp	Version:	1.0
erstellt von:	Jsp	erstellt am:	18.01.21
geändert von:		geändert am:	
freigegeben von:		freigegeben am:	29.06.23
evaluiert am:		nächste Eval.:	

Begleitblatt zum Lernentwicklungsbericht (LEB)

Alle Schülerinnen und Schüler erhalten zweimal jährlich zum Zeugnistermin einen Lernentwicklungsbericht. Neben einem Deckblatt wird auf jeweils einer Seite die Lernentwicklung jedes Unterrichtsfaches abgebildet. Fachkompetenzen werden mit Hilfe einer Kombination eines Buchstabens und einer Ziffer bewertet. Der Buchstabe bezieht sich auf die jeweilige Doppeljahrgangstufe, die Ziffer zeigt das erreichte Anforderungsniveau an.

A	curriculare Anforderungen Ende Jg. 6
B	curriculare Anforderungen Ende Jg. 8
C	curriculare Anforderungen Ende Jg. 10

	Anforderungsniveau
1	Mindeststandard
2	Regelstandard
2+	Expertenstandard

Bsp: die Bewertung „A2" zeigt an, dass die Lernegebnisse den curricularen Anforderungen des Jahrgang 05/06 entsprechen, die gezeigten Leistungen entsprechen dabei dem Regelstandarrd.

Durch Klassenarbeiten, Unterrichtsbeobachtungen und andere fachspezifische Lernkontrollen wird das aktuell erreichte Anforderungsniveau während des Schuljahres ermittelt und im Lernentwicklungsbericht ausgewiesen. Alle Fach-Lernentwicklungsberichte bilden im oberen Teil die wesentlichen **Kompetenzen eines Faches** ab *(siehe Nr. 1-10 auf dem umseitigen Beispiel).*

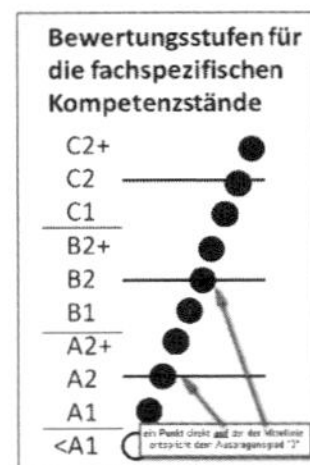

Zur Verdeutlichung der **Lernentwicklung** befindet sich im rechten Bereich jedes Fachlernentwicklungsberichts eine grafische Abbildung. Hier werden im Laufe der Schuljahre 05 bis 08 alle bisherigen Bewertungen fortlaufend als Kurve dargestellt. Dies ermöglicht die Darstellung der individuellen Entwicklung über mehrere Schuljahre sowie ein fundiertes Erkennen von Stärken und Schwächen.

Die Platzierung des jeweiligen Symbols unter der Linie erfolgt bei Erreichen des Mindeststandards. Die Platzierung auf der Linie zeigt das Erreichen des Regelstandards an und ein Symbol über der Linie verweist auf ein Erreichen des Expertenstandards.

Im weiteren Verlauf werden die Lernstände in den Bereichen „**Eigenverantwortliches Lernen**" (EL) sowie „**Mitarbeit und Verhalten im Unterricht**" und „**sprachliche Richtigkeit**" ausgewiesen. Auch hier werden die Lernergebnisse fortgeschrieben, um die Lernentwicklung transparent zu machen. Konkrete individuelle **Hinweise zur Weiterarbeit** sowie mögliche Bemerkungen und ggf. Kurszuweisungen für die Fächer Mathematik, Englisch (ab Jhg. 07) und Deutsch (ab Jhg. 08) runden den Fach-Lernentwicklungsbericht ab.

(IGS Lengede 2023)

IGS Lengede

Integrierte Gesamtschule

Lernentwicklungsbericht

2. Halbjahr

Tessa Test

Schuljahr: 2022/23 | Klasse: 07f
geboren am: 03.10.2010 | in: Peine
versäumte Unterrichtstage (im 1. und 2. Hj.): 12 | davon unentschuldigt: 0

Pflichtunterricht

Deutsch	siehe Anlage	Mathematik (E-Kurs)*	siehe Anlage
Englisch (G-Kurs)*	siehe Anlage	Naturwissenschaften (Physik, Chemie, Biologie)	siehe Anlage
2. Fremdsprache	-	fächerübergreifende Kompetenzen	siehe Anlage

*Der Unterricht wird auf zwei Anspruchsebenen erteilt. Im E-Kurs werden erhöhte und im G-Kurs grundlegende Anforderungen gestellt. Der Unterricht ist in Form der inneren Fachleistungsdifferenzierung erteilt worden.

Gesellschaftslehre (Geschichte, Politik, Erdkunde)	siehe Anlage	Arbeit-Wirtschaft-Technik (einschließlich Hauswirtschaft)	siehe Anlage
Religion	-	Kunst	siehe Anlage
Werte und Normen	siehe Anlage	Musik	siehe Anlage
Schülerbrief	siehe Anlage	Sport	siehe Anlage

Wahlpflichtunterricht

	Dauer in Schuljahren	Anzahl der Std/Woche	
Naturwissenschaften/Gesellschaftslehre - Die Welt im Wandel	2	2	siehe Anlage
-	-	-	-

Arbeitsgemeinschaften

-	-	-	-
-	-	-	-

Arbeitsverhalten: Das Arbeitsverhalten entspricht den Erwartungen in vollem Umfang.

Sozialverhalten: Das Sozialverhalten entspricht den Erwartungen.

Deine Stärken: Du hast einen schönen Nachbau des Burj Khalifa geschaffen.

Bemerkungen: Tessa hat sich im Rahmen der Informationsveranstaltung für die Schulgemeinschaft

engagiert. Lengede, 05.07.2023

(Klassenlehrerteam) (Schulleiter)

Gesehen: Datum, Erziehungsberechtigte/r

Bewertungsstufen für das Arbeits- und Sozialverhalten auf dem Deckblatt: (a) verdient besondere Anerkennung, (b) entspricht den Erwartungen in vollem Umfang, (c) entspricht den Erwartungen, (d) entspricht den Erwartungen mit Einschränkungen, (e) entspricht nicht den Erwartungen

Bewertungsstufen für das Arbeits- und Sozialverhalten auf den Anlagen: gelingt dir sicher, gelingt dir recht gut, darin bist du noch unsicher, gelingt dir noch nicht

Bewertungsstufen für die fachspezifischen Kompetenzstände: (A) Regelanforderungen Ende Jg. 6, (B) Regelanforderungen Ende Jg. 8, (C) Regelanforderungen Ende Jg. 10, (1) verfügt über Basiskompetenzen, (2) verfügt über ergänzende Kompetenzen, (2+) verfügt über sehr anspruchsvolle Kompetenzen

(IGS Lengede 2023)

Integrierte Gesamtschule Lengede IGS Lengede — Lernentwicklungsbericht

Schuljahr : 2022/23 - 2. Hj. — **Deutsch** — Klasse: 07f

Test,Tessa

geboren am: 03.10.2010 — in Peine

		5 1 2 · 6 1 2 · 7 1 2 · 8 1 2 · 9 1 2 · 10 1 2
Sprache und Sprachgebrauch		
1) Du kannst gesprochene und geschriebene Sprache bewusst gestalten und reflektieren.	B1	
2) Du wendest Fachbegriffe und Regeln der Rechtschreibung, Zeichensetzung und Grammatik an.	B2	
Sprechen und Zuhören		
3) Du kannst Sachverhalte wiedergeben und Vorträge gestalten.	A2	
4) Du kannst dich zielgerichtet und situationsangemessen an Gesprächen beteiligen.	. / .	
Schreiben		
5) Du kannst über Sachverhalte informieren und Texte zusammenfassen.	B2	
6) Du kannst Texte gestalten und überarbeiten.	B1	
Lesen - Umgang mit Text und Medien		
7) Du kannst Texte und Grafiken erschließen.	. / .	
8) Du kannst Texte untersuchen und deuten.	B1	
9) Du kannst Medien sachangemessen nutzen.	. / .	
Methoden und Arbeitstechniken		
10) Du nutzt fachspezifische Arbeitstechniken.	B1	
Eigenverantwortliches Lernen		
EL 1 - Bearbeitungsumfang	Mindest-standard	
EL 2 - Bearbeitungsqualität	unter Standard	
EL 3 - Anforderungshöhe	Mindest-standard	
Verhalten und Mitarbeit im Unterricht		
VM 1 - aktive Mitarbeit im Unterricht	Regel-standard	
VM 2 - Einhaltung von Regeln	Experten-standard	
VM 3 - zielgerichtetes Arbeiten in Einzelarbeit	Experten-standard	
VM 4 - zielgerichtetes Arbeiten in Partner-/Gruppenarbeit	Experten-standard	

Kurs: - / -

Hinweise zur Weiterarbeit: Denke grundsätzlich an die Überarbeitung deiner Texte. Achte dabei auf einen abwechselungsreichen Satzbau.

Bemerkungen: - / -

Unterschrift Lehrer/in

(IGS Lengede 2023)

Integrierte Gesamtschule Lengede IGS Lengede | Lernentwicklungsbericht

Schuljahr : 2022/23 - 2. Hj. | **Mathematik** | Klasse: 07f

Test, Tessa

geboren am: 03.10.2010 in Peine

Modellieren / Problemlösen / Argumentieren / Darstellen

		5 1 2 · 6 1 2 · 7 1 2 · 8 1 2 · 9 1 2 · 10 1 2
1) Du kannst Informationen nutzen, mathematische Probleme lösen und mit Hilfe eines Modells die Realität beschreiben.	A2	
2) Du argumentierst zielgerichtet, begründest Aussagen, nutzt Beweise und kennst die Methode der Erkenntnisgewinnung.	B1	
3) Du kannst Informationen entnehmen, Zusammenhänge angemessen darstellen und Hilfsmittel verwenden.	B2+	

Zahlen und Operationen

4) Du hast Vorstellungen von Zahlen und Zahlbereichen.	./.	
5) Du kannst im Kopf, halbschriftlich und schriftlich rechnen.	B1	

Größen und Messen

6) Du kannst Größen schätzen und messen sowie Größen und Einheiten anwenden.	./.	

Raum und Form

7) Du kannst Eigenschaften von Flächen und Volumenkörpern benennen und nutzen und geometrische Objekte konstruieren.	./.	

Funktionaler Zusammenhang

8) Du erkennst Proportionalitäten, kannst diese darstellen und Sachprobleme einschl. Prozent- und Zinsrechnung lösen.	B1	
9) Du kannst Beziehungen zwischen Zahlen und Größen erkennen und darstellen und Gleichungen/Gleichungssysteme lösen.	A2	

Daten und Zufall

10) Du kannst Daten erheben, Zufallsexperimente durchführen, Daten interpretieren sowie Wahrscheinlichkeiten schätzen.	./.	

Sprachliche Richtigkeit

SR 1 - Rechtschreibung, Zeichensetzung, Grammatik, Ausdruck	Regel-standard	

Eigenverantwortliches Lernen

EL 1 - Bearbeitungsumfang	Mindest-standard	
EL 2 - Bearbeitungsqualität	Mindest-standard	
EL 3 - Anforderungshöhe	Mindest-standard	

Verhalten und Mitarbeit im Unterricht

VM 1 - aktive Mitarbeit im Unterricht	Regel-standard	
VM 2 - Einhaltung von Regeln	Regel-standard	
VM 3 - zielgerichtetes Arbeiten in Einzelarbeit	Regel-standard	
VM 4 - zielgerichtetes Arbeiten in Partner-/Gruppenarbeit	Regel-standard	

Kurs: Der Unterricht wird auf zwei Anspruchsebenen erteilt; dabei werden im E-Kurs erhöhte und im G-Kurs grundlegende Anforderungen gestellt. Du hast auf E-Kurs-Niveau gearbeitet.

Hinweise zur Weiterarbeit: Bearbeite zuverlässiger die Aufgaben des Eigenverantwortlichen Lernens und achte auf eine vollständige Abgabe der Pläne.

Bemerkungen: - / -

Unterschrift Lehrer/in

(IGS Lengede 2023)

Kompetenzraster – Präsentationen 1

Vortragende(r): ______________________ Selbsteinschätzung ☐

Thema: ______________________ Fremdeinschätzung ☐

Anlass: ______________________ Lehrereinschätzung ☐

Material: ______________________ Gesamtauswertung ☐

Verweise: ______________________ durch:

Markieren Sie in diesem Raster die beschriebenen Kompetenzen entsprechend der erlebten Präsentation.

Bewertungs-maßstab	0	01	02	03	04	05	06	07	08	09	10	11	12	13	14	15

Stufe / Kriterium	A	B1	B2	C	Gewichtung	Punkte
1. Aufbau						
1.1 Einstieg	kein Einstieg erkennbar	führt in das Thema ein	erregt Aufmerksamkeit	spannend und Neugier erregend		
1.2 Übergänge zwischen Teilen	keine Übergänge erkennbar	Verbindung mit Worten	Verbindung über Ideen	Spannender Übergang über Ideen		
1.3 Schluss	kein Schluss erkennbar	wenig spannender Schluss	Anknüpfung an den Einstieg	kraftvoll und Aufmerksamkeit erregend		
2. Inhalt						
2.1 Richtigkeit	drei oder mehr inhaltliche Fehler	zwei inhaltliche Fehler	ein inhaltlicher Fehler	alle Informationen sind korrekt		
2.2 Dokumentation	keine Quellen genannt	eine Quelle genannt	zwei Quellen genannt	drei oder mehr Quellen genannt		
2.3 Zitate	keine Zitate	ein Zitat, um die Sache zu unterstützen	zwei Zitate, um die Sache zu unterstützen	drei (+) Zitate, um die Sache zu unterstützen		
2.4 Bedeutung	ohne Anbindung an das (abgesprochene) Thema	geringe Anbindung/Passgenauigkeit	Bezug vorhanden, aber nicht ganz passgenau	klarer und angemessener Bezug zum Thema		
2.5 Adressatenbezug	Über- oder Unterforderung der Zuhörer	mehrfache Über- oder Unterforderung	meist adressatengerechter Vortrag	adressatengerechter Vortrag		

Kompetenzraster – Präsentationen 2

Bewertungsmaßstab	0	01	02	03	04	05	06	07	08	09	10	11	12	13	14	15

Kriterium \ Stufe	A	B1	B2	C	Gewichtung	Punkte
3. Vortrag						
3.1 Augenkontakt	der Vortrag wird abgelesen	gelegentlicher Augenkontakt zum Publikum	ständiger Augenkontakt zu manchen Leuten	ständiger Augenkontakt zum Publikum		
3.2 Stimme	kaum zu hören	nur in den ersten Reihen zu hören	von fast allen Zuhörern zu hören	laut und deutlich von allen Zuhörern zu hören		
3.3 Sprechweise	monoton	geringe Modulation	sinnvolle Modulation	spannende und anregende Vortragsweise		
3.4 Fachsprache	keine Fachsprache	wenig Fachsprache	meist korrekte Fachsprache	stets korrekte Fachsprache		
3.5 Gesten	keine vorhanden	wenig Gesten vorhanden	benutzt gelegentlich Gesten, um den Inhalt deutlicher zu machen	benutzt häufig Gesten, um den Inhalt deutlicher zu machen		
4. Visualisierungen						
4.1 Bilder und Grafiken	keine vorhanden	nur wenige Bilder und Grafiken eingesetzt	einige Bilder und Grafiken angemessen eingesetzt	Bilder und Grafiken kreativ eingesetzt, um den Vortrag zu stützen		
4.2 Beziehung zum Thema	keine vorhanden	nur wenig Beziehung zum Thema erkennbar	deutliche Beziehung zum Thema	klare Beziehung zum Thema, stützt den Vortrag		
4.3 Optische Wirkung	keine vorhanden	nur wenig optische Wirkung vorhanden	erregt Aufmerksamkeit	optische Stimulierung des Publikums		

Platz für Anmerkungen:

4.3 Selbst- und Fremdbewertung integrieren

Worum geht es?

Schülerinnen und Schüler sind die Expertinnen und Experten für ihr eigenes Lernen und kennen die Faktoren, die ihre Leistung beeinflussen, meist besser als ihre Lehrpersonen. Mitwirkung in der Leistungsbewertung erweitert die Perspektiven und fördert die Qualität der Bewertung durch Multiperspektivität, vor allem, wenn es um die Erfassung der individuellen Leistungszuwächse geht.

Je mehr der Prozess, insbesondere die darin angewandten Strategien in die Bewertung eingehen sollen, desto stärker ist die Lehrperson auf die Mitwirkung der Schülerinnen und Schüler angewiesen. Dies gilt noch mehr, wenn in die Phase der Leistungserbringung kooperative Formen integriert waren. Nur gemeinsam mit den Lernenden kann die Lehrperson eine Validierung ihrer Bewertung vornehmen.

Die Kompetenz, hier wirklich im umfassenden Sinne gemeint, zur Selbstbewertung können Sie allerdings nicht einfach als gegeben voraussetzen, sondern diese muss in einem aufbauenden Prozess entwickelt werden. Wenn Nachdenken über die eigene Leistung zu einer Bewertung führen soll, müssen Lernende lernen, einen Maßstab anzulegen, nach denen Leistungen gemessen und mit anderen verglichen werden können. Das ergibt sich nicht automatisch im Arbeitsprozess, sondern bedarf einer gezielten Erarbeitung von Kriterien und Indikatoren, die für Lernende verständlich sind und die gleichzeitig Kompetenzen differenzierbar erfassen.

Schülerinnen und Schüler lernen, einen Maßstab anzulegen

Welche Optionen haben Sie?

1. Funktion und Ziele der Selbstbewertung klären
2. Selbsteinschätzung auf der Basis konkreter Aufgaben im Unterricht
3. Arbeitsprozesse dokumentieren (Wochenplan, Lerntagebuch, Lern- oder Arbeitsjournal, Logbuch, Portfolio)
4. Schriftliche Befragungen
5. Reflexion im Kontext von Klausuren und Klassenarbeiten
6. Der Arbeitsprozessbericht im Anschluss an Projektarbeit

1. Funktion und Ziele der Selbstbewertung klären

Wenn sich die Selbstbewertung auf die Frage nach der Übereinstimmung der Benotung durch Lernende und Lehrpersonen beschränkt, greift sie zu kurz und setzt sich dem Risiko aus, als Spielerei angesehen zu werden, da die Lehrperson in der Benotung immer das letzte Wort hat und aus ihrer Verantwortung auch nicht entlassen werden kann, wenn es um Zertifikate und Berechtigungen geht. Darüber hinaus ist es eine Überforderung oder gar Zumutung für Lernende, in der Notenfindung für die Zeugnisse eigene Schwächen einzubringen, die möglicherweise von der Lehrperson nicht entdeckt worden wären. WERNER SACHER schlägt in diesem Zusammenhang vor,

> *[...] verschiedene Ebenen der Beurteilung zu unterscheiden:*
> *– eine Unterrichtsebene mit laufenden Feedbacks, Lernhilfen, Lernberatung, aber auch Selbsteinschätzungen und -beurteilungen während der Lern- und Leistungsprozesse,*
> *– eine Berichtsebene mit periodisch erstellten Lernberichten und*
> *– eine Promotionsebene mit Zeugnissen, Versetzungs- und Übertrittsentscheidungen.* *(SACHER/WINTER 2011, 225)*

Für ihn ist also klar, dass Selbstbewertung hauptsächlich der ersten Ebene zuzuordnen ist, gelegentlich in der zweiten Ebene Sinn machen kann, aus der letzten aber herausgehalten werden sollte. FELIX WINTER bestätigt diese Sichtweise: Die Selbstbewertung ...

> *[...] dient nicht nur der sachgerechten Einschätzung von Lernprozessen und Produkten, sondern der Ausbildung der Fähigkeit zur Reflexion und Bewertung.* *(WINTER 2022, 249)*

Noch genauer formuliert THORSTEN BOHL den Nutzen der Selbstbeurteilung für das Lernen, da so nicht nur die eigene Arbeit reflektiert, sondern auch bewusster wird, wodurch der eigene Lernprozess verbessert werden kann:

> *Selbstbeurteilung dient der Reflexion über eigene Arbeit und Leistung mit dem Ziel, das eigene Lernverhalten besser kennenzulernen und dadurch kontrollierbarer zu machen. Die eigene Leistungsfähigkeit kann dann eher realistisch eingeschätzt werden, was wiederum eher erfolgversprechende Handlungen erwarten lässt: Auftretende Lernsituationen können eher antizipiert werden, Handlungen werden selbstständiger und selbstbewusster ausgeführt.* *(GRUNDER/BOHL 2001, 31)*

Die hier formulierte Funktion der Selbstbewertung gilt für die Schule wie für die Phasen selbstorganisierten Lernens im Erwachsenenalter. Selbstbewertung ist also lebenslang ein wichtiges Instrument der Steuerung und Optimierung von Lernprozessen und sollte in der Schule erlernt werden können.

Über die instrumentelle Funktion hinaus ist Selbstbewertung ein Element der Erziehung. Lernende werden dahin geführt, die Verantwortung für konkrete Leistungen zu tragen, wenn die Selbstbewertung die Analyse der Faktoren einschließt, die zur Leistung geführt haben. Die Zuschreibung von eigenen Anteilen und die Differenzierung von externen Faktoren ermöglichen eine realistische Einschätzung der eigenen Fähigkeiten besonders dann, wenn die Selbsteinschätzung mit einer Fremdeinschätzung konfrontiert werden kann, die sich an identischen Kriterien orientiert (siehe Selbsteinschätzung zum kooperativen Lernen).

Das Nachdenken über Leistungen, über die Gründe für Misserfolge oder über die Frage nach dem/der Verantwortlichen ist so alt wie die Schule selbst. Die Aufforderung „Da denk doch mal drüber nach!" ist wohl jedem noch aus Schule und Elternhaus geläufig.

Dass Reflexionen in einer schriftlichen Fassung viel Stoff für Gespräche zwischen Lernenden und Lehrpersonen liefern, aber auch Selbstkritik initiieren können, zeigt das folgende Beispiel aus der Sekundarstufe II. Die Aufgabe war, zu beschreiben, welche Faktoren zur Nicht-Einhaltung des vereinbarten Zeitplans für ein Referat zum Thema „Parteien" geführt haben. Dazu ist der folgende Text entstanden:

Warum wir den Zeitplan nicht eingehalten haben:
Zu Beginn der Arbeit waren wir motiviert und dachten, dass wir locker in drei Wochen fertig werden. Da wir im Dezember jede Woche mindestens zwei Klausuren geschrieben haben, waren wir ziemlich gestresst und haben die Parteiarbeit aufgeschoben. Als wir dann Ferien hatten, wollte jeder von uns nur Ruhe vor der Schule.

Wir haben uns einen Plan gemacht, in dem wir festgelegt haben, was wir wissen müssen und vortragen wollen. Diesen Plan haben wir nicht konsequent eingehalten.

Bei Themen, die nicht so provokant und trocken sind, ist es einfacher. Insgesamt haben wir die Arbeit einfach unterschätzt. Wir haben viel mündlich gemacht, anstatt konkret an der Aufgabe zu bleiben. Neben den vielen guten Seiten der Gruppenarbeit gibt es auch negative Seiten. Nicht, dass wir uns nicht verstanden hätten! Das war überhaupt kein Problem, aber als Gruppe ist es schwerer, sich zu organisieren.

Uns ist bewusst, dass all diese „Gründe" keine Rechtfertigung sind, und das sollen sie auch nicht sein. Da fast alle aus unserem Kurs ihre Parteiarbeit nicht fertig bekamen, glauben wir schon, dass „schlechte Erfahrungen mit Lernen" ein Grund war. Aber wenn wir ehrlich zu Ihnen und uns selber sind, wissen wir, dass wir selber Schuld tragen. Man hätte sich treffen können, man hätte seine Aufgaben fertig machen können; wir haben jede Möglichkeit von Ihnen gekriegt, die man kriegen kann. Wenn Sie uns unter Druck gesetzt hätten, wären wir wahrscheinlich pünktlich fertig gewesen und Sie hätten uns Noten geben können. Das nächste Mal hätten Sie uns dann wieder unter Druck setzen müssen, und das Mal darauf wieder, und wenn Sie es nicht tun, dann tun wir nichts. Das wäre dann die Folge. So ist Schule, wie wir sie kennen. Und jetzt? Außenstehende würden sagen, dass man ja sieht, was dabei rauskommt, wenn man keinen Druck ausübt: NICHTS! Das stimmt nicht, weil es uns nämlich leid tut, dass wir Ihre Gutmütigkeit ausgenutzt

> haben, und wir haben dabei ganz sicher viel mehr gelernt als nur ein Parteiprogramm oder sonst ein Thema in der Schule. Wir hoffen, dass wir demnächst verantwortungsbewusster mit unseren Aufgaben umgehen.
>
> Danke für Ihr Verständnis: Drei Schülerinnen aus der SEK II

In dem Text wird deutlich, dass die Analyse der Faktoren, die zu der Nicht-Einhaltung des Zeitplans geführt haben, durchaus differenziert erfolgt. Auch der in der Schule wirksame Mechanismus wird erkannt und erklärt, aber Konsequenzen oder Kriterien für zukünftiges Verhalten, nach denen eine Bewertung des Verhaltens erfolgen könnte, werden nicht benannt.

Wenn Nachdenken über die eigene Leistung zu einer Bewertung führen soll, müssen Lernende lernen, einen Maßstab anzulegen, Kriterien zu benutzen, nach denen Leistung gemessen und mit anderen verglichen werden kann. Ein gelungenes Beispiel, das allerdings mit immensem Aufwand entwickelt wurde, ist die Selbstbewertung aus dem Europäischen Sprachenportfolio (www.sprachenportfolio.de, dort umfangreiches Material im Aufbauportfolio für die Sekundarstufe I). Sie ist integriert in einen internationalen Referenzrahmen, entwickelt im Auftrag des Europarates.

2. Selbsteinschätzung auf der Basis konkreter Aufgaben im Unterricht

Wie schaffen Sie es, die Wahrnehmung der Schülerinnen und Schüler so auf einzelne Aspekte ihrer Lernleistungen zu richten, dass sie diese auch als von internen Faktoren bestimmt erfahren? Die der konkreten Schülerleistung am nächsten liegende Möglichkeit besteht darin, Musteraufgaben mit einer offenen Bewertung und unter Anwendung von bestimmten, vorher besprochenen Kriterien in der Klasse bearbeiten zu lassen, so wie sie in Klassenarbeiten vorkommen könnten.

In diesem Verfahren bewerten Lernende selbst die eigene Leistung oder die der Klassenkameraden. Durch die aktive Rolle in der Bewertung wird der Perspektivwechsel nachvollziehbarer. Die offene Bewertung und anschließende Besprechung schärft den Blick für die Leistungseinschätzung.

3. Arbeitsprozesse dokumentieren

Bei längeren Arbeitsphasen ist es notwendig, die einzelnen Schritte im Arbeitsprozess zu dokumentieren, um später eine Gesamtbewertung auf der Basis von Daten abliefern zu können. Dabei haben sich die im Folgenden besprochenen Instrumente bewährt:

Wochenpläne nutzen

Wochenplanarbeit ist eine Methode der Unterrichtsorganisation, in der für eine Woche bestimmte Arbeitsaufgaben beschrieben sind, die die Schülerinnen und Schüler alleine oder in Gruppen bearbeiten. Um eine innere

Differenzierung zu erreichen, ist es sinnvoll, Aufgaben in unterschiedlichen Schwierigkeitsstufen zu beschreiben. Die Wochenplanarbeit ermöglicht es bei entsprechender Dokumentation die Fortschritte Einzelner zu kontrollieren und ggf. Zusatz- und Übungsaufgaben zu vergeben.

Oft werden Wochenpläne im Rahmen einer umfassenderen Dokumentation der Lernleistungen der einzelnen Lernenden geführt, z. B. in einem *Lerntagebuch*. Darin notiert jede Schülerin / jeder Schüler für die Haupt- und Nebenfächer die geplanten Arbeitsschritte der jeweiligen Woche. Auch das Wochenziel wird protokolliert. Zum Abschluss der Schulwoche kann der/die Lernende auf die geleistete Arbeit zurückblicken und überlegen bzw. notieren, ob er oder sie das Ziel erreicht hat. Neben dem Arbeitsplan wird ebenfalls vermerkt, in welchen Bereichen noch Hilfe oder weitere Übung notwendig ist.

Für die nächste Schulwoche wird alles Wichtige aufgeschrieben, z. B. geplante Klassenarbeiten oder Tests mit Datum, Bemerkungen oder Informationen zum Unterrichtsgeschehen (auch für die Eltern).

Im *Lern-* oder *Arbeitsjournal, Logbuch* oder *Portfolio* geht es zusätzlich darum, wichtige Prozessereignisse festzuhalten. Das könnten z. B. in einem individuell geführten Lernjournal zu einer Lektüre auch persönliche Eindrücke, Gefühle und Assoziationen sein oder in dem Logbuch einer Gruppe auch Konflikte oder Schwierigkeiten in der Kommunikation.

Vorschlag zur Gestaltung eines Arbeits- und Lernjournals: Die Gestaltung der äußeren Form überlassen wir Ihnen. Für die Inhalte und Verfahren schlagen wir vor:

So kann ein Arbeits- und Lernjournal aussehen

Das Journal besteht aus zwei Hauptteilen,

- der systematischen Sammlung der Arbeitsunterlagen, eigener Texte und ergänzender Materialien aus der Projektarbeit wie Protokoll oder Planungsergebnisse. Dieser Teil ist öffentlich.
- einem Tagebuch, in das alles eingetragen werden kann, was der Schüler/die Schülerin im Unterrichtsgeschehen für bemerkenswert hält. Das Tagebuch hat privaten Charakter; es gibt keine Verpflichtung, die Eintragungen zu veröffentlichen.

Für das Tagebuch eignet sich am besten eine dicke Kladde (A4), eine Lose-Blatt-Sammlung in einem Hefter ist ebenfalls denkbar, wenn Unterlagen später sortiert oder nachträglich zusammengeführt werden sollen. Jeder Eintrag sollte mit Datum, Unterrichtsfach und den Namen der Beteiligten versehen sein. Um die Orientierung zu erleichtern, sollten diese Angaben immer an gleicher Stelle stehen. Eingetragen werden Beobachtungen, Reflexionen, Gefühle, Reaktionen etc. aus dem Unterricht. Es können Zettel, Bilder, Fotos eingeklebt werden, die die Schülerin/der Schüler wichtig findet.

Der Eintrag erfolgt in der linken breiteren Spalte; rechts bleibt Platz für nachträgliche Kommentare frei, denn von Zeit zu Zeit sollte das Tagebuch durchgearbeitet und die Eintragungen reflektiert werden: Was sehe ich heute noch so? Was hat sich geändert/verbessert/verschlechtert? Welche Ideen/Strategien hatten Erfolg, welche nicht? Zu dieser Analyse werden dann auch die Arbeitsunterlagen aus der Sammlung hinzugezogen.

4. Schriftliche Befragungen

Schriftliche Befragungen können die Aspekte, die in der Selbstbewertung eine Rolle spielen sollen, wesentlich weiter differenzieren, erfordern aber auch mehr Zeit, wenn die Ergebnisse zusammengetragen und dann diskutiert werden sollen, was z. B. für eine folgende Kursplanung sinnvoll ist. Rekapitulieren Sie frühere Unterrichtseinheiten, bevor Sie einen Fragebogen erstellen. Es wird Ihnen helfen, die wichtigen Aspekte zusammenzutragen.

5. Reflexion im Kontext von Klausuren und Klassenarbeiten

Sie können eine Selbstbewertung der Schülerinnen und Schüler auch am Ende einer Klassenarbeit einbauen, indem Sie einige Fragen zur abschließenden Reflexion über die Arbeit stellen. Ein Beispiel:

> Reflektieren Sie zum Abschluss den Verlauf der Klausur. Sie können sich dabei an folgenden Fragen orientieren:
> - Waren der Text und das Thema Ihrer Meinung nach dem Unterrichtsverlauf entsprechend gewählt?
> - Wie beurteilen Sie die Vorbereitung auf die Klausur? Was könnten Sie verbessern?
> - Erscheint Ihnen der Schwierigkeitsgrad der Aufgaben angemessen? Wo gab es Probleme bei der Bearbeitung der Aufgaben?
> - Wie beurteilen Sie die Qualität Ihrer Leistung? (Sie können einen Notenvorschlag machen, müssen das aber nicht.)

Diese Möglichkeit ist erst in höheren Klassen sinnvoll und sollte gut vorbesprochen werden. Die ersten Durchgänge dienen nur der Einübung. Erst wenn die Schülerinnen und Schüler Erfahrung im Umgang mit Reflexionsaufgaben haben und den Zeitumfang der Bearbeitung einschätzen können, ist auch eine Bewertung denkbar, wenn Erwartungen und Gewichtung im Verhältnis zu den anderen Aufgaben in einer Klausur deutlich definiert werden.

6. Der Arbeitsprozessbericht im Anschluss an Projektarbeit

Im Arbeitsprozessbericht werden die Erfahrungen der Lernenden dokumentiert und unter inhaltlichen, methodischen und sozialen Aspekten reflektiert. Er eignet sich besonders als Grundlage zur Bewertung von Projektarbeit. Auch komplexe Sachverhalte können hier in verständlicher Form abgefragt werden.

Die Aufgabe kann unterschiedlich formuliert werden. Sie kann in einer offenen Aufforderung gebündelt sein, z. B.: „Reflektieren Sie nach Abschluss des Projekts Verlauf und Ergebnis und Ihren persönlichen Lernerfolg". Oder man listet eine Reihe von detaillierten Fragen auf, wie das folgende Beispiel zeigt.

Abschlussbericht zur Projektarbeit

Nach Abschluss der Projektarbeit sollen Sie noch einmal über die Arbeit in Ihrer Gruppe nachdenken. Schreiben Sie Ihre Gedanken in vollständigen Sätzen auf maximal drei Seiten nieder. Der von Ihnen abgegebene Bericht wird nach Inhalt, Sprache (Rechtschreibung, Zeichensetzung, Grammatik, Ausdruck) und Form (Gliederung, Sauberkeit, Schrift …) benotet.

In dem Bericht sollten Sie auf folgende Fragen eingehen:

- Warum haben Sie das Thema gewählt?
- Welche Aufgaben haben Sie übernommen? Warum gerade diese?
- Was haben Sie in welcher Reihenfolge gemacht?
- Welche Schwierigkeiten gab es bei der Beschaffung des benötigten Informationsmaterials und dessen Auswertung?
- Wie haben Sie diese gelöst?
- Was hat Ihnen die Projektarbeit gebracht?
- Was haben Sie gelernt?
- Was war an der Projektarbeit nicht so gut?
- Welche Note würden Sie sich selbst geben? Warum?
- Wie war die Zusammenarbeit in der Gruppe?
- Wie wurde festgelegt, wer was macht?
- Haben Sie einander geholfen?
- Gab es Streit? Wie wurde er beigelegt?
- Haben alle in etwa gleich viel gemacht?
- Haben Sie sich in Ihrer Gruppe wohl gefühlt? Warum/warum nicht?
- Hat sich Ihr Verhältnis zu Ihren Mitschülerinnen und Mitschülern verändert? Wenn ja, wie, und worauf ist dies zurückzuführen?
- Welche Note würden Sie Ihrer Gruppe als Ganzes für die geleistete Arbeit geben? Warum?

Bevor Sie einen Arbeitsprozessbericht schreiben lassen, müssen die Schülerinnen und Schüler darauf vorbereitet werden, z. B. indem Sie die einzelnen Fragen miteinander besprechen oder einen Musterbericht vorlegen. Die Qualität der Ergebnisse steigt, wenn die Lernenden weniger beschreiben, als die Arbeit wirklich zu reflektieren. Dann können auch Verbesserungsvorschläge erarbeitet werden, die Sie für künftige Projekte nutzen können.

Der Bericht selbst kann auch benotet werden. Die Qualität lässt sich anhand folgender Kriterien ermessen:

- Beschreiben (detailliert, vollständig, korrekt)
- Analysieren, z. B. Einflussfaktoren auf Verlauf oder Motivation
- Selbstbewertung anhand von Zielen und Kriterien (der Maßstab ist die Nähe zu den Zielen bzw. das Maß der erfüllten Kriterien)
- Alternativen oder Vorschläge für Folgeprojekte
- Vorschläge zur Vermeidung von Fehlern in der Zukunft
- Empfehlungen für nachfolgende Jahrgänge

Auszug aus einem Arbeitsprozessbericht einer 11. Klasse;
das Thema der Projektarbeit lautete „Arbeitslosigkeit"

[…] Insgesamt habe ich diese Gruppenarbeit durchaus als positives Ereignis in Erinnerung. Obwohl dies nicht das erste Mal war, dass ich meine Arbeit mit anderen geteilt habe, habe ich interessante Erfahrungen gemacht. Ich hatte zum Beispiel nicht erwartet, dass die Arbeit mich so sehr zufriedenstellen würde. Ich hatte gedacht, dass es sehr schwer sein würde, mit dem Rest der Gruppe auf einen Nenner zu kommen und meine Ideen zu verwirklichen. Dem war aber nicht so. Wir konnten schon beim Aufstellen der Regeln für die Gruppenarbeit sehr gut zusammenarbeiten, denn es fiel praktisch jedem etwas dazu ein, und wir konnten uns schnell auf einige sinnvolle, für jeden annehmbare Regeln einigen. Diese Regeln wurden eingehalten, ohne dass wir uns gegenseitig ermahnen mussten.

Ein wenig problematisch war die Aufteilung des auszuwertenden Materials. Da wir nach Unterthemen aufgeteilt hatten, war es nicht möglich, jedem gleich viel Material zuzuteilen. Aber auch hier konnte jeder zufriedengestellt werden. Ich glaube, dass in meiner Gruppe niemand das Gefühl hatte, ungerecht behandelt zu werden, indem er mehr Arbeit hatte als die anderen. Ich glaube auch, dass jeder Mitwirkende seine Ideen für sich zufriedenstellend darstellen und sich dadurch einbringen konnte.

Zu unserer Arbeitshaltung ist vielleicht noch zu sagen, dass wir im Unterricht eher über die Organisation unseres Projekts diskutiert haben, als am Ergebnis zu arbeiten. Dadurch wurde der Schwerpunkt unserer Arbeit nach Hause verlegt. Positiver Aspekt dieser Tatsache ist jedoch, dass wir dadurch so gut wie überhaupt keine Probleme bei Aufteilungen und anderen Besprechungen hatten, eben, weil wir einen großen Teil der Unterrichtszeit dazu genutzt haben.

Im Vergleich zu früheren Gruppenarbeiten habe ich erkannt, dass es die Arbeit erleichtert, ein wenig Zeit für gründliches Planen aufzuwenden. Im Endeffekt spart man dadurch Zeit ein, weil die Arbeit nicht mehr durch Diskussionen über den weiteren Ablauf unterbrochen werden muss. […]

Anregungen zur Diskussion

- Wie bewerten Sie die Mitwirkung der Schüler und Schülerinnen in der Leistungsbewertung? Welche Bedeutung hat sie für Sie? Teilen Sie die Einschätzung, dass über die Reflexion der eigenen Leistungen das Lernverhalten bewusster und damit auch besser steuerbar wird?

Kompetenzraster Präsentation – Bewertungsbogen zur Selbstkontrolle sowie Fremdbeurteilung

	Kriterium	Stufe 1	Stufe 2	Stufe 3	Stufe 4
1	**Struktur**				
	Transparenz	keinerlei Struktur erkennbar	die Struktur der Präsentation wird im Verlauf des Vortrags erkennbar	die Struktur der Präsentation wird benannt	die Struktur der Präsentation wird benannt und visualisiert
	Problemaufwurf	kein Problem erkennbar	Problem wird erkennbar und in Ansätzen dargestellt	Problem wird erkannt und im Wesentlichen dargestellt	Problem wird erkannt und angemessen dargestellt
	sachlogische Gliederung	Brainstorming	systematische Darstellung in Ansätzen	systematische Darstellung in der Regel	(fach)methodisch korrekte Darstellung
	Zusammenfassung (Schluss)	unvollständige Beantwortung des Problems	zwei Aspekte fehlen	ein Aspekt fehlt	vollständige Beantwortung und Erklärung aller Aspekte des Problems
	Quellenangabe	keine Quellen genannt	eine Quelle genannt	zwei Quellen genannt	drei oder mehr Quellen genannt
2	**Inhalt**				
	sachliche Richtigkeit	drei oder mehr inhaltliche Fehler	zwei inhaltliche Fehler	ein inhaltlicher Fehler	alle Informationen sind korrekt
	sachliche Vollständigkeit	drei oder mehr Aspekte fehlen	zwei Aspekte fehlen	ein Aspekte fehlt	alle Aspekte vollständig dargestellt
3	**Fachsprache**	keine Fachsprache	wenig korrekte Fachsprache	meist korrekte Fachsprache	stets korrekte Fachsprache

	Kriterium	Stufe 1	Stufe 2	Stufe 3	Stufe 4
4	**Anschaulichkeit**				
	Bilder + Grafiken	keine vorhanden	wenige Bilder und Grafiken vorhanden	einige Bilder und Grafiken vorhanden	ausreichend Bilder und Grafiken vorhanden
	Eignung für das Thema	—	geringe Bild-Text-Korrespondenz	angemessene Bild-Text-Korrespondenz	angemessene und kreative Bild-Text-Korrespondenz
5	**Vortragsweise**				
	Augenkontakt	der Vortrag wird abgelesen	gelegentlicher Augenkontakt zum Publikum	ständiger Augenkontakt zu einigen Personen	ständiger Augenkontakt zum gesamten Publikum
	Stimme	kaum zu hören	nur vom Publikum in der ersten Reihe zu hören	von fast allen Zuhörern zu hören	auch in der letzten Reihe laut und deutlich zu verstehen
	Sprechweise	monoton	geringe Modulation	sinnvolle Modulation	spannende und anregende Vortragsweise
	Gestik	keine vorhanden	wenig Gesten vorhanden	benutzt gelegentlich Gesten	benutzt häufig Gesten, um den Inhalt deutlicher zu machen
6	**Zeitvorgabe**	um 200 % überschritten	um 100 % überschritten	um 50 % überschritten	eingehalten
7	**Material**	vergessen	unvollständig	vollständig	selbstständig + vollständig

- Was denken Sie über die Haltung Ihrer Schülerinnen und Schüler dazu?
- Wo sehen Sie Möglichkeiten, die Selbsteinschätzungskompetenzen der Schülerinnen und Schüler einzuüben?
- Wie könnte arbeitsteilig ein Instrumentarium zur Nutzung aufgebaut werden?

4.4 Teamarbeit und Arbeitsprozesse bewerten

Worum geht es?

Gruppenarbeit ist als Thema ein Dauerbrenner in den Gesprächen zwischen Lehrpersonen und Lernenden, obwohl in der Theorie die Sache eigentlich klar ist: Kleingruppenarbeit ist das Instrument für die Binnendifferenzierung im Unterricht. In der Praxis ist allerdings nicht nur die große Lust auf Gruppenarbeit zu beobachten, sondern auch mancher Frust. Der entsteht meist am Ende der Gruppenarbeit, wenn es darum geht, aus dem Gesamtergebnis zu einer Bewertung der Einzelleistungen zu kommen. Oft gibt es Konflikte bei der Notenvergabe. Das ist nachvollziehbar, wenn man bedenkt, dass sich in den Noten nur noch das Ranking in der Gruppe abbildet und nicht mehr der Beitrag des/der Einzelnen zum Gruppenergebnis erkennbar wird.

Auch hier kann der Wert der Einzelleistungen wiederum an den bekannten Normen (Individualnorm, Sozialnorm, Sachnorm) bemessen werden. Es müsste dabei geklärt sein, dass die Sachnorm auf die Anforderungen eines Gruppenprozesses ausgerichtet ist.

Einleuchtend ist auch, dass die Bewertung stärker abhängig ist von der Qualität des Arbeitsprozesses als vom Ergebnis. Folgende Faktoren erleichtern die Gruppenarbeit:

- klare Ziele und sinnvolle Gliederung der Aufgaben,
- Strukturierung der Gruppenarbeit durch Regeln (organisatorisch, zeitlich, inhaltlich, methodisch, …),
- Passung von Arbeitsanforderungen und Kompetenzen der Gruppenmitglieder (hier ist eine Selbsteinschätzung von den Gruppen gefordert, die sich z. B. an einem Anforderungsprofil orientieren kann),
- angemessene Lern- und Arbeitsvoraussetzungen (z. B. räumlich, zeitlich, Material etc.),
- Reflexion der Erfahrungen und ggf. Förderung der Teamfähigkeiten oder Arbeitstechniken durch Trainingselemente.

Methode der Themenzentrierten Interaktion für den Unterricht nutzen

Es gibt in diesem Arbeitsfeld viele Einzelansätze, aber auch umfassende Konzepte wie die Methode der Themenzentrierten Interaktion (TZI), die von RUTH COHN entwickelt wurde und auch für den schulischen Unterricht eine tragfähige Basis darstellt. Die Bedeutung solcher Konzepte liegt nicht nur darin, Gruppenarbeit besonders effektiv zu gestalten; sie bieten auch eine Gewähr, anschließende Phasen der Bewertung so zu gestalten, dass die Verantwortung nicht ausschließlich auf der Lehrperson lastet. Das Ziel ist, den einzelnen Schülerinnen und Schülern gerecht zu werden, ohne die Gruppenleistung herabwürdigen zu müssen.

Welche Optionen haben Sie?

1. Benotung des Gruppenergebnisses und Stellungnahme durch die Gruppe
2. Notenpool-Verfahren
3. Selbstbewertung durch die Gruppe
4. Gruppenarbeit und Klausuren verbinden
5. Leistungsmessung im Gruppenpuzzle
6. Beurteilung von Projektarbeit

1. Benotung des Gruppenergebnisses und Stellungnahme durch die Gruppe

Eine differenzierte Bewertung von Gruppenleistungen, die zumeist in gemeinsam geschaffene Produkte einfließen, geht ohne die Mitwirkung der Schülerinnen und Schüler nicht. Eine entscheidende Frage ist folglich: Wie lassen sich die Gruppen in die Bewertung *integrieren,* ohne sie zu überfordern?

Wer sagt, das sei nicht möglich, der ist darauf angewiesen, seine Beobachtungen zur Grundlage der Differenzierung zu machen. Wer die Integration der Lernenden als entlastend und notwendig für das Entwickeln von *Selbstbewertungskompetenz* ansieht, wird zumindest einen ersten Schritt vornehmen wollen: Der Vorschlag zur Bewertung des Gruppenproduktes wird der Gruppe zur Stellungnahme vorgelegt.

Die Gruppen diskutieren unabhängig von der Lehrperson, sie werden aber auf die Punkte hingewiesen, die bei der Bewertung wichtig waren. Die Gruppen sollten in ihre Stellungnahme eine Entscheidung darüber einbauen, ob es eine gemeinsame Note für alle Gruppenmitglieder gibt.

2. Notenpool-Verfahren

Ein weitergehendes Verfahren legt die Verantwortung in stärkerem Maße in die Hände der Schülerinnen und Schüler: Die Gruppe bekommt einen Pool von Punkten, der aus der Multiplikation der Note für das Gruppenergebnis mit der Zahl der Gruppenmitglieder erwächst, siehe Beispiel:

Note für das Gruppenergebnis	10 Punkte
Zahl der Gruppenmitglieder	5
Notenpool	50 Punkte, die in der Gruppe unterschiedlich verteilt werden können

Den Schülerinnen und Schülern werden die Aspekte benannt, nach denen sie die Leistungsbewertung vornehmen können. Das sollte in schriftlicher Form geschehen, um während der Diskussion darauf Bezug nehmen zu können. Das folgende Beispiel ist angelehnt an die Materialien des Niedersächsischen Kultusministeriums für Berufsbildende Schulen:

Liebe Schülerinnen und Schüler,
wir stehen nun vor der Aufgabe, die zurückliegenden Wochen der gemeinsamen Arbeit auch unter dem Gesichtspunkt der Bewertung der erbrachten Leistungen einzuschätzen. Zu diesem Zweck will ich jeder Arbeitsgruppe die Gelegenheit geben, den Prozess ihrer Arbeit und die erzielten Ergebnisse selbst zu analysieren und zu bewerten. Dazu schlage ich folgende Vorgehensweise vor:
Jede Gruppe hat die Aufgabe, den Arbeitsprozess und die Ergebnisse selbst zu beurteilen. Ziel ist es, jedem Mitglied der Arbeitsgruppe eine Note zu geben. Dazu bekommt jede Gruppe von mir eine vorgegebene Gesamtpunktzahl, die sich aufgrund meiner Notenvorstellungen ergibt. Diese Gesamtpunktzahl ist unter den einzelnen Gruppenmitgliedern zu verteilen. Von der Gesamtpunktzahl kann geringfügig abgewichen werden, wenn es im Plenum überzeugend begründet wird.
Bei der Bewertung der Leistungen der einzelnen Arbeitsgruppenmitglieder können sich die Gruppen z. B. an folgenden Kriterien orientieren:

- Beiträge zum Erreichen des Gruppenzieles
- Qualität der Beiträge
- Übernahme von Aufgaben
- Engagement, Einsatz, Ausdauer

Der Prozess der Leistungsbewertung der einzelnen Mitglieder sollte ausführlich in der Arbeitsgruppe diskutiert werden, bis nach Möglichkeit eine Einigung über die zu vergebende Punktzahl unter allen Gruppenmitgliedern erzielt ist. Falls keine Einigung zustande kommt, kann die Gruppe aus den anderen Gruppen einen Schlichter wählen oder die Lehrkraft bitten, dieses Gespräch zu moderieren.

In einer abschließenden Gesprächsrunde erläutert jede Gruppe ihre Bewertungen. Die Lehrkraft legt ihre Einschätzung ebenfalls offen.

3. Selbstbewertung durch die Gruppe

Die weitestgehende Anforderung an die Selbstbeurteilungskompetenz beinhaltet ein Verfahren, in dem zuerst die Schülerinnen und Schüler die Bewertung der Gruppe bzw. der Einzelmitglieder vornehmen und diese der Gesamtgruppe und der Lehrkraft vorschlagen. Die Entscheidung bleibt allerdings der Lehrkraft vorbehalten. Anderes lassen die Erlasse nicht zu, es würde auch zu einer Überforderung kommen.

Alle beschriebenen Verfahren setzen voraus, dass insbesondere die *Sozial-* und *Kommunikationskompetenz* in den Gruppen gut ausgebildet ist. Sie erfordern, dass die Lehrkraft in Konfliktfällen ein Verfahren anbieten kann, in dem die Gruppen Hilfe zur Selbsthilfe finden. Notfalls steigt sie auch selbst in die Konfliktschlichtung ein.

Selbstbewertung setzt gut ausgebildete Sozial- und Kommunikationskompetenz voraus

Wenn auch die Anforderungen hoch sind, die Leistungsbeurteilung gewinnt ein neues Profil, Selbstbeurteilung und Intersubjektivität sind Voraussetzungen und gleichzeitig Ziel. Das Spektrum der Aspekte vergrößert sich, aber insgesamt wächst die Transparenz. Auch wenn das Verfahren Unsicherheiten produziert, die Erfahrung zeigt, dass nach erfolgreichem Abschluss die Atmosphäre in der Gesamtgruppe bereinigt ist.

4. Gruppenarbeit und Klausuren verbinden

Eine Ergänzung zu den vorhergehenden Überlegungen betrifft die Verknüpfung von Gruppenarbeitsphasen und schriftlichen Arbeiten/Klausuren. Wie schaffe ich einen gemeinsamen Lernstand, den ich abtragen kann? Dieser Umstand führt dazu, dass längere Arbeitsphasen in Gruppen selten sind, obwohl sich erst darin eine Schulung in sozialen und methodischen Kompetenzen voll entfalten könnte.

Eine mögliche Lösung dieses Problems besteht darin, die Differenzierung, die in der Gruppenarbeit wirksam geworden ist, in die Klausur zu übernehmen. Das heißt, Sie gestalten die Aufgabenstellung in einem Teil *gruppenspezifisch* und in dem anderen Teil *auf eine gemeinsame Thematik ausgerichtet*. Wenn der Unterricht z.B. in Theorieanteile und Fallstudien aufgeteilt ist, lassen sich solche Verknüpfungen leicht finden. Aufwand erfordert die Gestaltung der gruppenspezifischen Aufgabenstellung, Abwechslung und Vielfalt der Ergebnisse könnten bei der Korrektur dazu ein Pendant bilden.

5. Leistungsmessung im Gruppenpuzzle

Bei der Inszenierung eines *Gruppenpuzzles* können die Lernenden durch den Wechsel von Individual- und Gruppenarbeit, den Wechsel von eigenem Lernen und dessen Weitervermittlung an die Gruppenpartner das jeweilige Thema zu ihrer eigenen Sache machen. Der Unterschied zu normalem Gruppenunterricht besteht darin, dass die Lernenden nicht nur arbeitsteilig und kooperativ in kleinen Gruppen etwas selbstständig erarbeiten können, sondern auch selber als Vermittler von Wissen gefordert sind, also auch didaktische Fähigkeiten entwickeln müssen.

Das Gruppenpuzzle ist eine Form des Gruppenunterrichts, die in geradezu idealer Weise die Vorteile des Gruppenunterrichts, insbesondere die Herausbildung von Kooperationsfähigkeit, mit dem individuellen Leistungsprinzip verbindet. Alle Mitglieder können beim Gruppenpuzzle nur dann erfolgreich sein, wenn sie sowohl gemeinsam und miteinander als auch individuell und allein ihr Bestes geben. Ein komplexer Wissensinhalt wird durch einen mehrfachen Wechsel von *Stammgruppenarbeit* und *Expertengruppenarbeit* angeeignet und zum Schluss auch überprüft.

Zunächst werden sogenannte *Stammgruppen* gebildet, die so viele Mitglieder haben wie die verschiedenen Aspekte des Themas, das bearbeitet werden soll (in unserem Beispiel vier). In der ersten (Stammgruppen-)Phase wird eine gemeinsame Aufgabe verteilt und angegangen. Jetzt können Schwierigkeiten besprochen und geklärt, das Material gesichtet und erste Überlegungen ausgetauscht werden.

In einem zweiten Schritt werden vier Expertenthemen benannt und an die Tafel geschrieben. In jeder Gruppe wird für jedes Thema ein Experte benannt. Am Ende dieser ersten Phase gibt es z. B. fünf Stammgruppen mit je einem Experten für die Aufgaben A, B, C und D.

1. Phase: Stammgruppenrunde				
1	2	3	4	5
AB	AB	AB	AB	AB
CD	CD	CD	CD	CD

In der zweiten Phase bilden sich analog zu den vier Fragestellungen vier Expertengruppen. Diese *Expertenteams* müssen jetzt anhand weiterer Materialien ihr Spezialgebiet gemeinsam erarbeiten.

2. Phase: Expertenrunde			
AA	BB	CC	DD
A	B	C	D
AA	BB	CC	DD

In der dritten Runde bilden sich wieder die ursprünglichen Stammgruppen. Hier hat jetzt jeder Experte die Aufgabe, den anderen Gruppenmitgliedern innerhalb eines vorgegebenen Zeitrahmens möglichst präzise und effektiv die im Expertenteam erarbeiteten Erkenntnisse zu vermitteln. Am Schluss der dritten Phase müssen in allen Stammgruppen alle Schülerinnen und Schüler über das, was in den Expertenteams gelaufen ist, informiert sein.

In der vierten Runde wird ein *Leistungstest in Einzelarbeit* geschrieben. Dies mag auf den ersten Blick verwundern, findet aber folgende Erklärung: Nur in der Form der isolierten Einzelarbeit ist sowohl die Qualität der Arbeit in den Expertenteams als auch die didaktische Fähigkeit der jeweils drei anderen Stammgruppenmitglieder überprüfbar. Würde ein Gruppentest geschrieben, wäre jeder Experte darauf erpicht, sein Spezialgebiet zu bearbeiten. Damit fiele der eben erwähnte zweite Gesichtspunkt weg, nämlich die Fähigkeit, anderen Wissen zu vermitteln.

Vor der letzten Phase werden die Tests ausgewertet und dann gruppenweise gewichtet und zurückgegeben. Also nicht die Einzelleistung der 20 Schülerinnen und Schüler ist entscheidend, sondern die jeweilige Gesamtleistung der Gruppe. Es gewinnt trotz der Bedeutung der individuellen Einzelleistung im Test letztlich die Gruppe, in der die Vermittlungsarbeit an die jeweiligen drei Nichtexperten am erfolgreichsten war.

6. Beurteilung von Projektarbeit

Projektlernen und Leistungsbewertung sind zwei Elemente, die in der Schule alltäglich, aber selten gemeinsam auftreten. Auch hier ist die komplexe Lernstruktur des Projektunterrichts meistens die Barriere: Wie sollen wir den vielfältigen Prozessen, die in einer Projektphase stattfinden, gerecht werden? Das ist eine häufig gestellte Frage, eine andere: Beziehen Lernende nicht auch einen Teil ihrer Arbeitsfreude an Projekten aus dem Fehlen der Bewertung in Form von Noten?

Es ist unbestritten: Die Lehrperson muss über alle Lernbereiche Rückmeldung geben oder organisieren. In Form von Noten/Punkten lässt sich das am ehesten bei dokumentierbaren Leistungen, bei Produkten realisieren. Diese Produkte sind bei der Projektarbeit:

Welche Produkte sind in der Projektarbeit zu bewerten

- der anfänglich aufgestellte Arbeitsplan,
- das zu Projektbeginn mit den Lernenden vereinbarte Ergebnis der Arbeit in der Gruppe,
- die Zwischenstandsberichte (mündlich, schriftlich),
- der (individuelle) Arbeitsprozessbericht,
- die Präsentation vor Publikum (methodisch, inhaltlich).

Die Kriterien, nach denen das Arbeitsprodukt bewertet wird, sollten vorher vereinbart oder vorgegeben sein. Zwei Aspekte bestimmen die Bewertung:

- der Sachbezug,
- die Vermittlungsqualität.

Die Projektvereinbarung gibt die Richtung vor

Eine große Hilfe für die Bewertung einer Projektarbeit besteht in der *Projektvereinbarung,* die nach Abschluss der Planungsphase eines Projekts schriftlich festgelegt wird. Zu diesem Zeitpunkt müssen die Schülerinnen und Schüler bereits eine klare Vorstellung von dem Endprodukt, die Abläufe geplant, die Arbeiten untereinander aufgeteilt haben. Es sollte feststehen, wer im weiteren Verlauf des Projekts welche Tätigkeiten mit welchen Methoden und welchen Mitteln für einen festgelegten Zeitraum mit definierten Zwischenergebnissen ausführen wird und in welcher Form die Begleitung durch die Lehrperson erfolgt.

In der Projektvereinbarung werden auch die Motive festgehalten, die hinter der Themenwahl und den ausgewählten Methoden stehen.

Eine schriftliche Vereinbarung bedeutet eine hohe Verantwortung und Verbindlichkeit. Den Umgang damit kann man schrittweise einführen und einüben, z. B. in sogenannten „Übungsprojekten", aber auch in fachbezogenen Vorhaben.

Das folgende Beispiel zum Thema „Europa" aus einer 11. Klasse eines Gymnasiums im Fach Politik soll das verdeutlichen. Vor der Gruppenarbeit wurden in der Klasse mithilfe eines Brainstormings Themenfelder abgesteckt wie „Einführung des Euro" oder „Osterweiterung".

Beispiel für einen Gruppenauftrag
Fach Politik; Themenfeld „Europa"; Jg. 11

Arbeitsauftrag: Erarbeiten Sie in der Gruppe die inhaltlichen Grundlagen für die Präsentation zu dem gewählten Thema. Formulieren Sie dazu

- die Hauptfragestellung mit 3 Unterfragen,
- die Aufgaben, die sich daraus ergeben,
- die Ziele, die Sie verfolgen wollen, für das Ergebnis und den Arbeitsprozess.

Führen Sie die Arbeitsschritte zur Vorbereitung der Präsentation so durch, dass alle Gruppenmitglieder beteiligt werden. Um diesen Prozess zu dokumentieren, führt die Gruppe ein Arbeitsjournal.
Sie haben für die Realisierung Ihrer Planung in der Zeit vom 2. 5. bis 23. 5. insgesamt 8 Unterrichtsstunden zur Verfügung. Nach der Hälfte der Zeit wird eine Zwischenkontrolle vorgenommen.
Präsentiert wird das Ergebnis an einer Stellwand mit einem Informationsteil (max. 3 Seiten), Grafiken, Bildern in einer mündlichen Darstellung (max. 20 Minuten) mit medialer Unterstützung.

Bewertet werden

- die Präsentation (Beteiligung, Lebendigkeit, Medieneinsatz),
- der Informationsgehalt (Richtigkeit, Aktualität),
- das Journal (Vollständigkeit, Reflexivität).

In das Bewertungsverfahren werden eine Selbstbewertung bzw. ein Bewertungsvorschlag durch die Gruppe integriert.

Informationen zum Arbeitsjournal: Es soll enthalten
- Termine, Themen, Teilnehmerinnen und Teilnehmer,
- Schritte im Arbeitsprogramm,
- Arbeitsaufteilung,
- Störungen, Probleme,
- Verschiedenes.

Im sogenannten *Kolloquium* weisen die Schülerinnen und Schüler nach, dass sie in einer mündlichen Präsentation das Projekt darstellen und auch gegenüber kritischen Nachfragen argumentativ verteidigen können. Die Leitfrage für die Bewertung der Leistung lautet: Kann der einzelne Schüler / die einzelne Schülerin das Produkt und ggf. die dahinführenden Arbeitsprozesse überzeugend darstellen und im Dialog vertreten? Die Bewertung der Darstellung kann sich auf folgende Kriterien beziehen:
- Inhalt, z. B. gemessen an sachlicher Richtigkeit, Differenziertheit, Problembezug, Lösungsorientierung, Aktualität und Kreativität,
- Aufbau und Gliederung der Präsentation, u. a. erkennbar an einem attraktiven Einstieg, klarer Systematik, anschaulichem Material, der Beschränkung auf das Wesentliche und einer bewertenden Zusammenfassung,
- Einsatz von Medien, ob sachgerecht und Produkt angemessen oder eher auf Schaueffekte abzielend, ob zeitgerecht und reibungslos umgesetzt, ob auf verschiedene Wahrnehmungskanäle (Handout, Thesenpapier, Visualisierung durch PowerPoint, szenische Darstellung) ausgerichtet oder einseitig gestaltet,
- Vortragsstil, u. a. gemessen an der Lebendigkeit des Vortrags, an dem treffenden Gebrauch der Fachsprache und dem freien Vortragen.

Die Leistung im Gespräch zeigt sich u. a.
- in präzisen Antworten auf die Fragen, auf die mit Detailkenntnissen, einem fundierten Hintergrundwissen und einer differenzierten Problemsicht reagiert wird,
- im offenen und kritischen Gesprächsverhalten, das u. a. in dem souveränen Umgang mit Nachfragen deutlich wird,
- in der Vermeidung von Redundanz,
- in dem Einbringen der persönlichen Sichtweisen, die engagiert und selbstbewusst, aber auch der Situation einer Gruppenprüfung angemessen und adressatenbezogen vertreten werden.

Anregungen zur Diskussion

Tauschen Sie sich in einer kleinen Gruppe aus. Unser Vorschlag ist,

- zunächst die Erfahrungen aus der Runde aufzunehmen und in relevanten Fragestellungen zu bündeln
- und die konkreten Anforderungen aus der Beobachtung und Bewertung von Gruppenarbeit in einer praktischen Übung zu verdeutlichen.

4.5 Lernförderliche Formen der Leistungsrückmeldung

Die Einleitung ist dir gut gelungen, Hauptteil und Schluss fallen im Vergleich dazu etwas ab; insgesamt 3

Vielleicht solltest du dich das nächste Mal doch vorbereiten. So wird das nichts!

Volltreffer!!! 1

Toller Aufsatz, Thema verfehlt: 5

Über deine Arbeit habe ich mich richtig gefreut. Da ist doch ein Fortschritt erkennbar. Vor allem die Fehlerzahl hat sich deutlich reduziert. Offensichtlich hast du deinen Text am Ende noch mal kontrolliert. Immerhin voll 4

In vielen Schulen findet ein erheblicher Teil der schriftlichen Rückmeldungen bei Klassenarbeiten auch heute noch in der oben gezeigten Form statt. Gemeinsam ist den Beispielen, dass in ihnen kaum oder gar nicht diagnostisches und auf Fördern ausgerichtetes Handeln zu erkennen ist. Es gibt eine deutliche Aussage zu der Bewertung, aber kaum Hinweise, auf welche konkreten Leistungen oder Fehler die Bewertung zurückzuführen ist.

In der Schule sollen Lernende zu einer realistischen Selbsteinschätzung kommen können. Erste Voraussetzung dafür ist, zwei Orientierungspunkte voneinander zu trennen. Als Erstes gilt es, die Leistungen auf vorher benannte und *klar abgrenzbare Kriterien* zu beziehen, u. U. im Vergleich mit den Leistungen anderer Lernender. Zum Zweiten wird die Leistung in dem *Kontext der individuellen Leistungsentwicklung* eingeordnet.

Kommentierungen bzw. Erläuterungen der Noten müssen sich nicht auf Klassenarbeiten beschränken. Sie könnten z. B. in Anlagen zu den Zeugnissen Aussagen zu den Kompetenzen oder zu individuellen Leistungszuwächsen machen.

Beispiel für die Anlage zu einem Zeugnis aus einer 6. Klasse für das Fach Mathematik

Liebe Schülerin,
allein und im Team hast du überwiegend konzentriert nach Lösungen für die gestellten Aufgaben gesucht. Dabei ist es dir teilweise noch schwergefallen, Lösungswege zu erklären und zu begründen.
Ergebnisse deiner Arbeit hast du vor der Klasse schon recht sicher präsentiert.
Die Inhalte aus den Textaufgaben hast du verstanden und konntest sie überwiegend in eine mathematische Aufgabe übertragen.
Aus der folgenden Aufstellung kannst du nun entnehmen, wie du mit den Inhalten der Unterrichtseinheiten zurechtgekommen bist.

Inhaltsbezogene Kompetenzen folgender Unterrichtseinheiten	Erreicht	Überwiegend erreicht	Teilweise erreicht	Nicht erreicht
Körper und Winkel	Längen messen, Körper benennen, Körper beschreiben, Winkel benennen	Netze und Schrägbilder zeichnen, Winkel messen	Winkel zeichnen	
Was kostet das Leben?		Verwenden von Größen in Sachzusammenhängen, Größen umwandeln, runden, Überschlagsrechnen, Grundrechenarten		
Spiegelung (Projekt)		Achsensymmetrische Figuren in der Umwelt erkennen, mit dem Geodreieck umgehen beim Einzeichnen von Symmetrieachsen bzw. beim Spiegeln		

Inhaltsbezogene Kompetenzen folgender Unterrichtseinheiten	Erreicht	Überwiegend erreicht	Teilweise erreicht	Nicht erreicht
Brüche und Wahrscheinlichkeit	Zufallsexperimente durchführen	erweitern, kürzen, addieren, subtrahieren	Brüche vergleichen und ordnen	Anteile von Größen bestimmen
Werkstatt			Kopfrechnen, Vielfache, Teiler, Teilbarkeitsregeln, Rechengesetze	Schriftliche Grundrechenarten

Anregungen zur Diskussion

Zu dieser Thematik liegen sicher so viele Erfahrungen aus der individuellen Praxis vor, dass Sie darauf zurückgreifen sollten. Deshalb der folgende Vorschlag:

1. Tauschen Sie sich über Ihre Erfahrungen aus.
2. Werten Sie diese aus und versuchen Sie, zu einer gemeinsamen Empfehlung zu schriftlichen Rückmeldungen zu kommen, die für andere Kolleginnen und Kollegen hilfreich sind und die Praxis der Schule insgesamt befördern könnten.

4.6 Digitale Werkzeuge in Lernumgebung und Leistungsbewertung, ein Bericht aus der Praxis

Kristina Brauch ist Lehrerin für Mathematik, Sport und Darstellen/Gestalten an der Gesamtschule Münster-Mitte. Sie hat uns zu Fragen der Nutzung digitaler Tools und zu möglichen Weiterentwicklungen geantwortet und damit einen Einblick in die Praxis einer Schule aus der Perspektive einer Lehrerin gewährt.

Interview

Unsere erste Frage: Welche digitalen Tools nutzt die GEMM, um die Leistungsbewertung im Sinne des gemeinsamen Lernens zu optimieren?

Kristina Brauch
Auch wenn Klassenarbeiten und Tests noch auf konservative, analoge Weise geschrieben und bewertet werden, versuchen wir, unser Spektrum der Leistungsmessung und -bewertung stetig zu erweitern, auch um digitale Möglichkeiten.

Am deutlichsten wird dies ab Jahrgang Neun, da die Schülerinnen und Schüler zu diesem Zeitpunkt die personalisierten Ipads bekommen und ausschließlich damit arbeiten.

Digitale Plattformen, sei es unser Lernmanagementsystem Iserv, Apps (in vorgegebenem Umfang) oder browserbasierte Lernmöglichkeiten, sind ab jetzt für alle Schülerinnen und Schüler jederzeit erreichbar.

Die Heft- bzw. Mappenführung wird digital über Goodnotes (www.goodnotes.com) organisiert. Dateien werden auf Iserv (www.iserv.de) im Klassenordner abgelegt und müssen von den Lernenden in ihr digitales Notizheft importiert werden, damit sie damit arbeiten können. Dies erfordert sowohl digitale als auch organisatorische Kompetenzen, die wir Lehrkräfte in dieser Phase gut begleiten und beobachten können. Da wir Lehrkräfte aber keine Mappen mehr einsammeln können, müssen wir nun andere, digitale Wege nutzen, um uns einen Einblick in die Lernprozesse und Kompetenzen der Lernenden zu verschaffen:

Heftseiten mit bearbeiteten Aufgaben können per Airdrop[1] *an die Lehrkraft gesendet werden, um so genauer in Augenschein genommen und auch korrigiert zu werden. Per Airdrop werden diese dann auch wieder zum Lernenden-Ipad zurückgeschickt. So entsteht ein sehr schnelles direktes Feedbackverfahren, ohne den Schülerinnen und Schülern die Materialien wegzunehmen. Sie können in Ruhe mit ihrem Material weiterarbeiten, während sie auf das Feedback warten.*

Genauso routiniert ist die Nutzung des Aufgabenmoduls bei Iserv. Die Lehrkraft stellt eine Aufgabe mit Anfangs- und Abgabedatum. Die Schülerinnen und Schüler bearbeiten dann im vorgegebenen Zeitraum die erteilte Aufgabe (z.B. im Lernbüro) und laden ihre Ergebnisse im Aufgabenmodul hoch. Die Lehrkraft bekommt zunächst sofort angezeigt, wie viele Lernende der Klasse und wer genau die Aufgaben abgegeben hat und ob dies auch innerhalb der vorgegebenen Deadline passiert ist. Nun können die Dateien begutachtet werden. Ist das richtige Format für die Abgabe gewählt worden? Wurde die richtige Aufgabe abgegeben? Ist die Aufgabe vollständig bearbeitet und richtig bearbeitet worden?

Möglich ist natürlich auch, die ganze Mappe abgeben zu lassen, wieder mit dem bereits oben erwähnten Vorteil, dass die Lehrkraft niemandem das Arbeitsmaterial wegnimmt. Zudem steht sie nicht unter Zeitdruck, alle Mappen an einem Wochenende nachschauen zu müssen, damit sie am Montag wieder ausgeliefert werden können.

1 AirDrop dient der schnellen Datenübertragung zwischen Geräten von Apple wie beispielsweise iMac oder iPhone.

Die Rückmeldung kann im Rückmeldefenster schriftlich vermerkt werden, kann aber auch als Sprachnachricht hinterlassen werden. Letzteres macht die Rückmeldung um einiges schneller und gleichzeitig umfangreicher.
Alle Aufgaben des Jahres werden abgespeichert, es sei denn, man löscht sie bewusst. Dadurch ist eine Prozessbeobachtung noch leichter geworden. Die Abgaben der Schülerinnen und Schüler eines längeren Zeitraumes können aufgerufen und miteinander in Beziehung gesetzt werden. Das macht eine Bewertung und Rückmeldung der Leistungsentwicklung deutlich einfacher und transparenter.
Auch die mündliche Leistung bekommt eine neue Tiefe: Jede/jeder Lernende der Klasse kann sich mit dem Ipad am Beamer einwählen, um vor der Klasse den mündlichen Beitrag mit der schriftlichen Ausarbeitung zu verdeutlichen. Alle können schnell und unkompliziert gleichzeitig die Aufzeichnung einsehen. Die mündliche Leistung kann dadurch von der Lehrkraft noch klarer begutachtet und vielschichtiger bewertet werden. Ausführlichkeit, Strukturiertheit und Richtigkeit der Aufgabenbearbeitung spielen neben der Bewertung der rein mündlichen Leistung eine gleichermaßen wichtige Rolle. Die Mitschülerinnen und Mitschüler bekommen dadurch ebenfalls eine Chance, sich zu dem Beitrag und der Verschriftlichung zu äußern. Die mündliche Leistung kann also jederzeit zu einer Kurzpräsentation werden und erleichtert der Lehrkraft eine umfangreichere Bewertung der Qualität des Beitrags. Gleichzeitig bekommt der oder die Präsentierende eine Peerfeedback. Beides kann in der Bewertung Berücksichtigung finden.
Ein weiteres digitales, von der Heftführung unabhängiges Tool, das zur Leistungsbeobachtung sowohl punktuell als auch prozessorientiert genutzt wird, ist Anton (www.anton.app/de). Anton ist eine adaptive Lernplattform. Das heißt, Aufgaben werden digital generiert, von den Lernenden bearbeitet und sofort durch das Programm als richtig oder falsch bewertet. Zu jedem Schritt bekommen die Lernenden also ein direktes Feedback und Lösungserklärungen geboten. Ganze Lerneinheiten werden zu einem Thema angeboten, die schrittweise durch Übungen unterteilt werden. Meist steht am Ende einer Einheit ein Test zur Verfügung, mit dem die Lernenden kontrollieren können, ob sie alles verstanden haben. Auch hier bekommen sie durch das Programm ein direktes Feedback.
Da die Schule eine Schullizenz besitzt, können Lehrkräfte den Report zu allen Lernenden der Klasse aufrufen. Man kann somit beobachten, wie viel mit dem Programm gearbeitet wird, wie die Arbeitsergebnisse aussehen, wie oft Lernende Aufgaben wiederholt haben und in welcher Regelmäßigkeit das Programm genutzt wird. Die Schülerinnen und Schüler bekommen also nicht nur die direkte Rückmeldung des Programms, die sich ausschließlich auf die in-

haltliche Richtigkeit bezieht, sie bekommen auch von der Lehrkraft eine Rückmeldung zu ihrem Lernprozess, Hinweise zu Wissenslücken und infolgedessen evtl. weitere Übungsangebote. Die punktuelle, rein inhaltliche Bewertung durch den Test gibt das Programm. Die Lehrkraft kann auch dies über den Report erfassen.
Was davon in die Leistungsbewertung einfließt, sollte natürlich vorher festgelegt und transparent gemacht werden.
Seit unserer Gründung haben wir Wert darauf gelegt, über alle Jahrgänge hinweg Klassenarbeiten teilweise durch umfänglichere Projektarbeiten zu ersetzen. Auch diese Form der Leistungsmessung wird immer häufiger in digitaler Form umgesetzt, sei es, dass Lernvideos, Podcasts, Stoppmotionvideos, E-Books, Powerpointpräsentationen (Letzteres ist schon fast ein alter Hut!) etc. hergestellt werden. Die neuen digitalen Möglichkeiten, anhand derer die Leistungsmessung stattfinden kann, sind vielfältig und bieten den Lernenden die Möglichkeit, sich individuell stärker zu entfalten. Dabei sind sie meist hochmotiviert, weil natürlich gerade durch digitale Instrumente schnell beeindruckende Ergebnisse erzielt werden können. Es tut sich eine spannende Welt für die Kinder und Jugendlichen auf, die sie selbst ausprobieren und erforschen können. Teilweise wissen die Lernenden plötzlich genauer über bestimmte Produktionsmechanismen Bescheid als andere Lernende und ihre Lehrkräfte. Alle haben die Chance, zum Experten für ihr individuelles Interessensgebiet zu werden und so die individuellen Stärken deutlich zu machen.
Die oben aufgeführten digitalen Instrumente, die unsere Schule nutzt, um Leistungen sichtbar und messbar zu machen, führen dazu, dass Leistungen noch präziser bewertet und die individuelle Lernentwicklung der Schülerinnen und Schüler noch transparenter werden. Sie erleichtern Feedbackverfahren in zeitlicher Hinsicht und somit auch in ihrer Häufigkeit und Ausführlichkeit. Neue digitale Formate der Leistungsmessung in Projekten beinhalten die Chance hochmotivierter Schülerinnen und Schüler, die sich selbstständig zu Experten mausern und ihre individuellen Stärken zeigen können. […] “

Unsere zweite Frage: Siehst du darüber hinaus für die Zukunft weitere Optionen, die Leistungsbewertung digital zu gestalten?

„ ***Kristina Brauch***
Wenn ich den Begriff Leistungsbewertung als das nehme, wofür er an sich steht, nämlich für die Rückmeldung über den Leistungsstand der Lernenden, fallen mir zunächst die bereits oben erwähnten Möglichkeiten der adaptiven Lernplattformen oder des Feedbacks in Form einer Sprachnachricht ein.

Taskcard (www.taskcards.de) ist eine digitale Pinnwand und kann mit der Klasse gemeinsam mit Lernergebnissen gefüllt werden. Hier kann man die Kommentarfunktion selbst nutzen, oder auch Lernende ein Peerfeedback geben lassen.
Taskcard kann aber auch zu einem Edu-Breakout[2] *umfunktioniert werden. So bekommen die Schülerinnen und Schüler direkt digital ein Feedback zu ihren Leistungen. – Ist der Zahlencode (oder Lösungswort) nicht richtig, hat man etwas falsch gemacht. Es kursieren inzwischen zahlreiche Edubreakouts im Internet. Sie machen den Lernenden sehr viel Freude.*
Wenn ich den Begriff aber gedanklich erweitere und mich darauf beziehe, in welcher Form Leistungen in Zukunft erbracht werden können, wie Klassenarbeiten aussehen können oder wie Projekte noch stärker zum Lernen im 21. Jahrhundert passen, dann habe ich noch ein paar Ideen im Kopf:
In aller Munde ist im Moment das sogenannte Deeper Learning, dessen Konzept drei Phasen beinhaltet – Wissensaneignung, Wissensvertiefung und Anwendung des Wissens im sinnstiftenden Kontext.
Gerade die letzte Phase könnte als Ersatz zu herkömmlichen Klassenarbeiten und Klausuren gesehen werden. Nachdem sie das notwendige Wissen erschlossen haben, suchen sich die Lernenden einen Aspekt des Themas, das sie in einen sinnstiftenden, komplexen Zusammenhang bringen. Wenn also alles notwendige Wissen zum Thema Pyramide, Kegel, Kugel erworben wurde, können sie sich selbst aussuchen, welches ausführlichere Projekt sie dazu gestalten wollen. Vielleicht möchten sie die ägyptischen Pyramiden, ihre Bauweise, Materialien und wie der Bau umgesetzt wurde in einer Ausstellung präsentieren, vielleicht möchten sie etwas zum Thema „nachhaltige Verpackung" machen und zeigen, bei welcher dieser Formen am wenigsten Material bei größtmöglichem Volumen verbraucht wird. Dies könnte dann als Vortrag der ganzen Schulgemeinde vorgestellt werden.
Vielleicht haben sie Lust, selbst eine Klassenarbeit zu dem Thema inklusive Lösungen zu erarbeiten und dies als Übungsarbeit dem nächsten Jahrgang zur Verfügung zu stellen etc. Es ergeben sich hier viele Möglichkeiten, mit dem Thema weiter umzugehen. Die Lernenden müssen hier also nicht einfach ihr Fachwissen anwenden, sie müssen überlegen, welche digitalen Möglichkeiten sie ausschöpfen möchten und welche dafür besonders geeignet sind, sie müssen ihr Projekt ggf. mit mehreren im Team strukturieren und organisieren und

2 Beim EduBreakout soll der Grundgedanke der Escape Rooms ins Klassenzimmer geholt werden. Dabei steht nicht der Erwerb von Fachwissen an erster Stelle, sondern es werden ganz gezielt das Problemlösen und die Zusammenarbeit in der Gruppe in den Mittelpunkt gestellt (www.fobizz.com/edubreakout-schatzsuche-im-unterricht).

schließlich auch wissen, was sie mit ihrem Projekt erreichen wollen. Das Ganze könnte man natürlich auch analog umsetzen, aber uns sind ja nun mal die digitalen Möglichkeiten gegeben, also nutzen wir sie doch! Es ist ja das, was die Kinder auch in Zukunft weiterhin nutzen werden.
Die oben genannte digitale Pinwand eignet sich auch als Organisationsinstrument, um Projektarbeiten für mehrere Teammitglieder oder für sich selbst überschaubar zu gestalten. Man nutzt es dann als sogenanntes „Kanban-Board"[3]. Organisationsstrukturen in Gruppenarbeiten werden so auch für die Lehrkraft sehr gut ersichtlich und könnten mit in eine Leistungsbewertung fließen.
Zudem könnte man Klassenarbeiten „flippen". Die Lernenden entwickeln selbstständig einen Lernplan für eine vorgegebene Klassenarbeit. Hier sollen analoge und digitale Mittel mit einfließen, um eine fiktive Person auf die Klassenarbeit vorzubereiten. So werden sowohl inhaltliche als auch medienkritische Kompetenzen abgefragt: Beispielsweise ist dieses Video, Onlinequiz geeignet, passt die Internetinformation zu den von uns im Unterricht gewählten Begrifflichkeiten, ist die Erläuterung verständlich? Welche Übungen wählen wir, um Fertigkeiten einzuüben?
In Mathematik lassen sich umfängliche Aufgaben z.B. zu quadratischen Funktionen als Geogebra Datei erarbeiten. Auch hier wird also nicht nur der inhaltliche Aspekt, sondern auch der Umgang mit einem wichtigen digitalen Werkzeug der Mathematik abgefragt. Warum nicht Wissensralleys mit Biparcours (www.https://biparcours.de/bound/BeispielSchulen) oder ähnlichen Trailgeneratoren erstellen lassen?
All diese Möglichkeiten bieten eine attraktive Alternative zu den herkömmlichen Leistungsmessungsinstrumenten. Sie bilden neben den inhaltlichen Kompetenzen in unterschiedlichen Ausprägungen auch digitale, kreative und teamorientierte Kompetenzen ab;
Die klassischen Leistungsmessungsinstrumente beziehen sich immer noch weitgehend auf inhaltliche Kompetenzen des jeweiligen Faches. In den Köpfen der Lernenden bleibt dies am meisten hängen. Ich habe einen Schüler, der technisch extrem gut versiert ist, und das bekommt er durch das Feedback der Lehrkräfte und der Mitschülerinnen und Mitschüler auch oft genug zu hören. Aber auf dem Zeugnis taucht es nicht auf. Warum eigentlich nicht? Diese Kompetenzen sind wichtiger Bestandteil für den Einstieg in das Berufsleben,

3 Kanban ist eine Methode, Arbeitsprozesse auf einem Board zu visualisieren. Die Methode kommt aus dem Lean-Management und dient als Grundlage für die Abstimmung in agilen Teams. Sie fördert die Effektivität der Teamprozesse.

so hören wir immer wieder. Also sollte man auch dafür plädieren, das digitale Kompetenzen schulisch eine Form von Wertschätzung bekommen und sie sichtbar in der Bewertung werden. "

4.7 Kopiervorlagen für den beruflichen Alltag

Auf den folgenden Seiten haben wir für Sie nützliche Kopiervorlagen zusammengestellt.

Eine alphabetische Auflistung aller Kopiervorlagen finden Sie auf der Seite 150.

Klassenarbeit Klasse 10

Auswertung eines nichtlinearen Textes (Tabelle/Diagramm)

Aufgabe	Bewertungsfaktor	Punkte
1. Aufgabe: kurze Erläuterung, was die Tabelle / das Diagramm zeigt und welche Hintergründe sie/es hat.		
Genaue Erfassung des Themas	[illegible]	
Angemessene Untersuchung der Zusammenhänge	1	
Erfassen der Relevanz und Aktualität	2	
2. Aufgabe: Beschreibung des „Forschungsdesigns“		
Bestimmung der Urheberschaft	1	
Eingehen auf die Größe der Untersuchung	1	
Analyse der Befragungsweise	1	
Bestimmung des Zeitpunktes der Untersuchung	1	
Analyse der Frage- bzw. Aufgabenstrategie	1	
Was sagt die Tabelle/das Diagramm aus, was nicht?	2	
3. Aufgabe: genaue Beschreibung der Tabelle / des Diagramms		
Analyse der äußeren Form	1	
Untersuchung der grafischen, bildlichen, zeichnerischen Hilfsmittel	1	
Reflexion über Manipulationsmöglichkeiten durch den gewählten Maßstab	2	
4. Aufgabe: die eigentliche Interpretation der Zahlen		
Gewichtung der Aussagen nach Bedeutung	3	
Ordnung in größere (Sinn-)Abschnitte	2	
Bestimmung und Analyse von Auffälligkeiten	2	
Auswertung der Tabelle / des Diagramms nach den gerade beschriebenen Vorarbeiten: Zusammenfassung, wichtigste/auffälligste Ergebnisse	4	
5. Aufgabe: Erörterung der Ursachen für die Entwicklungen, die durch die Zahlen ausgedrückt werden		
Erörterung der Frage: Welche (geschichtlichen, gesellschaftlichen, naturwissenschaftlichen) Ereignisse könnten für das gesamte Zahlenwerk, aber auch für die auffälligen Besonderheiten verantwortlich sein?	3	
Erörterung möglicher Ursachen	2	
Beurteilung dieser Ereignisse/Ursachen	2	
Konsequenzen für die Zukunft	2	

Punkte:	
Note:	

Klassenarbeit Klasse 10

Bewertungsbogen: Erörterung

Aufgabe	Bewertungs-faktor	Punkte
Einleitung		
Das zentrale Problem der Erörterung ist in der Einleitung deutlich benannt bzw. aus dem Text gelöst.	2	
Das Problem wird in allen Dimensionen erläutert und unklare Begriffe werden definiert.	1	
Die gegenwärtige Bedeutung des Problems wird klar herausgearbeitet.	1	
Die persönliche Bedeutung für den Verfasser wird beschrieben.	1	
Hauptteil		
Die Thesen und Gegenthesen sind deutlich und verständlich formuliert.	2	
Das Problem wird aus unterschiedlicher Sicht dargestellt.	1	
Die Gewichtung der einzelnen Pro- und Kontra-Argumente ist klar ersichtlich.	2	
Die Argumentation ist in sich schlüssig.	1	
Die Gegensätzlichkeit der Argumente wird deutlich.	1	
Die einzelnen Pro- und Kontra-Argumente enthalten jeweils: eine These, deren Begründung und Vertiefung/Beleg durch Beispiele.	3	
Zur Vorbereitung der eigenen Stellungnahme werden diese Argumente sorgfältig gegeneinander abgewogen.		
Ein eigener Standpunkt wird eindeutig formuliert.	1	
Dieser Standpunkt ist nachvollziehbar aus der Pro-und-Kontra-Argumentation entwickelt.	3	
Schlussteil		
Die Resultate der eigenen Auseinandersetzung mit dem Problem werden deutlich auf den Punkt gebracht.	2	
Die Argumentation des Hauptteils wird nicht wiederholt.	1	
Gedanken aus der Einleitung werden wieder aufgegriffen.	1	
Über die eigene Stellungnahme hinaus wird ein öffnender Ausblick gegeben.		
Äußere Form		
Die äußere Textgliederung (Absätze, Leerzeilen, evtl. Nummerierung) entspricht dem Argumentationsgang.	1	
Die Sprache und Ausdrucksweise ist der Sache angemessen.		
Keine Rechtschreib-, Zeichensetzungs- und Grammatikfehler.		
	Punkte:	
	Note:	

Name: Klasse: Datum:

Selbstbewertungsscheibe: Lern- und Sozialverhalten

Zeitraum: ______________________________

Beschreibe, was du unter diesen Begriffen verstehst

Selbstständigkeit: ______________________________

____

Kooperationsfähigkeit: ______________________________

____

Sorgfalt: ______________________________

____

Kritikfähigkeit: ______________________________

____

Zielstrebigkeit: ______________________________

____

Konzentration: ______________________________

____

Sortiere dich auf der Scheibe ein: Wo stehst du in jedem Feld? Je größer deine Fähigkeit in dem Gebiet ist, desto näher triffst du in die Mitte!

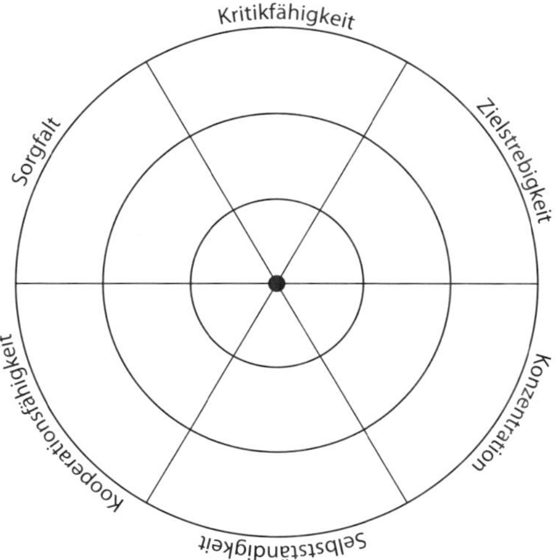

Name: Mathematik, 6. Klasse

Selbstbeurteilung: Bruchrechnung/Flächenberechnung 1

Thema 1: „Glück und Zufall" (Bruchrechnung)

Thema 2: „Wie wir wohnen" (Flächenberechnung)

Mathematische Anforderungen	stimmt	stimmt besonders	stimmt bedingt	stimmt nicht
Ich kenne die Begriffe „Zufall, Zufallsversuch" und „Zufallsgerät" und ihre Bedeutung.				
Ich kann die Chancen und Wahrscheinlichkeiten für Spielsituationen abschätzen und vergleichen.				
Ich bin in der Lage, Wahrscheinlichkeiten in Form von Brüchen zu beschreiben.				
Ich kenne die Begriffe „Ereignisse" und „günstige Ereignisse" und kann ihre Wahrscheinlichkeiten berechnen.				
Ich bin in der Lage, die Wahrscheinlichkeiten von Teilereignissen zu berechnen und zu addieren.				
Ich kann Brüche nach ihrer Größe ordnen.				
Ich kann gleichnamige Brüche addieren.				
Ich kann gleichnamige Brüche subtrahieren.				
Ich kann Brüche erweitern und kürzen.				
Ich kann ungleichnamige Brüche erweitern und kürzen.				
Ich bin in der Lage, Brüche und damit Wahrscheinlichkeiten der Größe nach zu vergleichen.				
Ich kann Grundrisse von Wohnungen lesen und maßstäblich zeichnen.				
Aus vorgegebenen Zeichnungen lese ich Längen ab und berechne sie.				
Ich kann mein Zimmer maßstabsgerecht zeichnen.				
Ich kann mein Zimmer maßstabsgerecht einrichten.				
Ich kann Mietangebote vergleichen und beurteilen.				
Ich bin in der Lage, Flächeninhalte von Quadraten und Rechtecken zu berechnen.				
Ich kann die Größe unterschiedlicher Flächen miteinander vergleichen.				
Ich kann Längeneinheiten umrechnen.				
Ich kann Flächeneinheiten umrechnen.				
Ich bin in der Lage, Flächeninhalte mit der Flächenformel zu berechnen.				

Name: Mathematik, 6. Klasse

Selbstbeurteilung: Bruchrechnung/Flächenberechnung 2

Mathematische Anforderungen	stimmt	stimmt besonders	stimmt bedingt	stimmt nicht
Ich bin in der Lage, selbstständig zu arbeiten.				
Ich kann eigene Lösungsideen entwickeln.				
Ich beherrsche die Grundrechenarten.				
Ich kenne Rechengesetze und kann sie anwenden.				
Ich arbeite sauber und ordentlich.				
Ich kann sicher mit Geodreieck und Zirkel umgehen.				
Ich verstehe Textaufgaben und kann sie in Rechenoperationen umsetzen.				
Ich bin mit meinen Aufgaben immer in der zur Verfügung stehenden Zeit fertig.				

Schreibe hier bitte mit eigenen Worten.

1. Wie schätzt du deine mathematischen Kenntnisse ein? ______

2. Wie schätzt du dein Arbeitsverhalten ein? ______

Name: Klasse: Datum:

Selbstbeobachtung: Lern-, Arbeits- und Sozialverhalten 1

1. Lernverhalten

So merke ich mir wichtige Dinge am besten:

So verstehe ich wichtige Regeln und Gesetze:

So spreche ich deutlich und verständlich:

So kann ich den Inhalt der letzten Stunde am besten erklären:

So finde ich am leichtesten Beispiele für den Unterricht:

So kann ich leicht erklären, wie ich etwas lerne:

So kann ich am besten beschreiben, was ich gelernt habe:

2. Arbeitsverhalten

So plane und organisiere ich meine Arbeit:

So kann ich mich gut konzentrieren:

Name: Klasse: Datum:

Selbstbeobachtung: Lern-, Arbeits- und Sozialverhalten 2

So lerne und arbeite ich allein und ohne Hilfe:

So lasse ich mir am liebsten helfen:

So schaffe ich es, alle Aufgaben zu erledigen:

So kann ich meine Zeit am besten einteilen:

3. Sozialverhalten

So arbeite ich gut mit anderen zusammen:

So helfe ich meinen Mitschülerinnen und Mitschülern am besten:

So kümmere ich mich um die Probleme meiner Mitschülerinnen und Mitschüler:

So verhalte ich mich bei Streitereien und Auseinandersetzungen:

So kann ich viel zur Klassengemeinschaft beitragen:

So möchte ich am liebsten von allen gesehen werden:

Name: Klasse: Datum:

Bewertungsbogen zur Gruppenarbeit (Notenpool)

Anwendung des „Notenpoolverfahrens": Jede Gruppe ermittelt zuerst für sich eine Gesamtpunktzahl. Der Lehrer gibt der Gruppe ebenfalls eine Punktzahl. Dies wird verglichen und in Deckungsgleichheit gebracht. Anschließend kann die Gruppe diese Gesamtpunktzahl entsprechend auf die Mitglieder verteilen.

Fähigkeiten – Fertigkeiten – Kompetenzen	Gesamtgruppe	Lehrperson
Fachliche Dimension		
Fachlich richtige und korrekte Arbeit		
Deutlich erkennbare Lernfortschritte		
Klare Formulierung von Zielen und Teilzielen		
Strukturiertes Arbeiten, deutlich erkennbarer „roter Faden"		
Gezielte und kompetente Nutzung von fachspezifischen Hilfsmitteln		
Flexible Vorgehensweise beim Auftreten unerwarteter Probleme		
Kooperative Dimension		
Effektive und wirkungsvolle Kommunikation mit den anderen Gruppenmitgliedern		
Sachliche und kooperative Prüfung neuer Arbeitsaufgaben		
Allgemeine Akzeptanz neuer Aspekte		
Produktive Arbeitsatmosphäre		
Flache und stetig wechselnde Hierarchisierungen bei weitgehend gegenseitiger Hilfestellung		
Minimierung egozentrischer Verhaltensweisen und egoistischer Perspektiven		
Individuelle Dimension		
Bemühen um regelgeleitete transparente Kommunikation		
Eigenständige Kontrolle von (Teil-)Lösungen		
Bewusste Gestaltung eines positiven Gruppenklimas		
Sorgfalt bei der Arbeit und im Umgang mit den Arbeitsmaterialien		
Kompetente Arbeitsorganisation		

Name: Klasse: Datum:

Bewertungsbogen für Teamarbeit 1

	Selbsteinschätzung	Mitschülerinnen/-schüler	Lehrperson
Für eine sehr gute Leistung ist es nötig, dass …			
das Thema sehr gut strukturiert wurde.			
eine kreative Vernetzung zur Arbeit der anderen Gruppen stattfand.			
das Team besonders effektiv zusammengearbeitet hat.			
im Team alle Ideen aller aufgenommen und produktiv diskutiert wurden.			
die Arbeit sehr produktiv war.			
die Informationen sachlich richtig und sehr genau waren.			
die Inhalte präzise sprachlich beschrieben wurden.			
die Arbeit sich auf sehr umfangreiche und informative Quellen stützt.			
die Quellen eigenständig ausgewählt wurden.			
auch außerhalb der Schule recherchiert wurde.			
Für eine gute Leistung ist es nötig, dass …			
das Thema erkennbar gut strukturiert war.			
die Arbeit der anderen Gruppen zur Kenntnis genommen worden war.			
das Team gut zusammengearbeitet hat.			
alle Teammitglieder eingebunden waren.			
die Informationen im Wesentlichen richtig und genau waren.			
die sprachliche Darstellung angemessen war.			
die Arbeit sich auf überdurchschnittlich viele Quellen stützt.			
die Quellen im Wesentlichen eigenständig ausgewählt wurden.			
Für eine befriedigende Leistung reicht es, dass …			
eine grundsätzlich vorhandene Struktur erkennbar ist.			
die Arbeit der anderen Gruppen ansatzweise zur Kenntnis genommen wurde.			
das Team meistens zusammengearbeitet hat, auch wenn es nicht immer auf die Arbeit konzentriert war.			
die meisten, aber nicht alle Teammitglieder immer aktiv mit eingebunden waren.			
die Informationen häufig, aber nicht immer verkürzt waren.			
die sprachliche Darstellung einige Mängel aufwies.			
die Arbeit sich auf eine noch gerade angemessene Anzahl von Quellen stützt.			
ein kleiner Teil der Quellen eigenständig ausgewählt wurde.			

Name: Klasse: Datum:

Bewertungsbogen für Teamarbeit 2

	Selbsteinschätzung	Mitschülerinnen/ -schüler	Lehrperson
Für eine ausreichende Leistung reicht es, dass ...			
eine Struktur zwar nicht klar zu erkennen, aber zu erahnen ist.			
die Arbeit der anderen Gruppen wenig zur Kenntnis genommen wurde.			
das Team zwar wenige, aber einige produktive Phasen gehabt hat.			
es viele unproduktive Streitigkeiten im Team gegeben hat.			
die Informationen nur selten präzise bzw. sachlich richtig waren.			
die sprachliche Darstellung ansatzweise angemessen war.			
nur sehr wenige Quellen genutzt wurden.			
die genutzten Quellen (fast) sämtlich vom Lehrer vorgegeben waren.			
Eine mangelhafte bis ungenügende Leistung liegt vor, wenn ...			
keine Struktur zu erkennen ist, sondern die Gedanken völlig chaotisch waren.			
das Team abgeschottet von den anderen Gruppen gearbeitet hat.			
es keinerlei Teamarbeit und keine sachlichen Auseinandersetzungen gegeben hat.			
die Informationen unrichtig oder vom Team falsch verstanden worden waren.			
die sprachliche Darstellung nicht angemessen war.			
keine Quellen genutzt wurden.			

Name: Klasse: Datum:

Schüler-Beobachtungsbogen: Lern-, Arbeits- und Sozialverhalten

1. Lernverhalten

Wahrnehmungsfähigkeit ______

Auffassungsgabe ______

Ausdrucksvermögen ______

Wiedergabefähigkeit ______

Übertragungsfähigkeit ______

Beurteilungskompetenz ______

2. Arbeitsverhalten

Arbeitsorganisation ______

Konzentration ______

Selbstständigkeit ______

Engagement ______

3. Sozialverhalten

Teamfähigkeit ______

Hilfsbereitschaft ______

Soziale Sensibilität ______

Konfliktfähigkeit ______

Selbstsicherheit ______

Name: Klasse: Datum:

Schüler-Beobachtungsbogen: Beobachtungshilfen – Formulierungshilfen 1

1. Lernverhalten

Wahrnehmungsfähigkeit: Die Schülerin/der Schüler …

- nimmt Veränderungen in der schulischen Umgebung wahr.
- registriert die Stimmungen der Mitschülerinnen und Mitschüler.
- bemerkt Umgestaltungen im Klassenraum.
- erkennt Unterschiede oder Gemeinsamkeiten und benennt sie.
- benennt sinnliche Unterschiede und Veränderungen.
- identifiziert Gegenstände auch aus ihren Teilelementen, vergleicht Bekanntes mit Unbekanntem.

Auffassungsgabe: Die Schülerin/der Schüler …

- erkennt Zusammenhänge, Gemeinsamkeiten und Trennendes.
- unterscheidet Wesentliches von Unwesentlichem.
- versteht Sachverhalte, Darstellungen und Vorgänge.
- beschreibt lückenlos Zusammenhänge und komplexe Abläufe.
- versteht logische Verknüpfungen und Zusammenhänge.
- erfasst das Wesentliche in Aussagen, Texten und Versuchen.
- begreift Aufgabenstellungen, Problembeschreibungen und Anleitungen.
- entwickelt eigene Lösungswege für ein Problem.
- ist in der Lage, aus mehreren Lösungsverfahren das geeignetste auszuwählen.
- leitet aus Einzelbeobachtungen richtige Schlussfolgerungen ab.

Ausdrucksvermögen: Die Schülerin/der Schüler …

- verfügt über einen angemessen großen Wortschatz.
- drückt sich sprachlich und inhaltlich verständlich aus.
- unterstützt Aussagen und Erklärungen durch Gestik und Mimik.
- verfügt über eine bildhafte und fantasievolle Sprache.
- übersetzt komplizierte Sachverhalte verständlich und nachvollziehbar.
- nutzt geeignete Methoden und Medien zur Darstellung.
- strukturiert Aussagen durch angemessene Satzkonstruktionen.
- erzählt und berichtet über Wahrnehmungen detailgetreu.

Wiedergabefähigkeit: Die Schülerin/der Schüler …

- verfügt und nutzt altes Wissen zur Erklärung neuer Zusammenhänge.
- gibt das Wesentliche eines komplexen Sachverhalts wieder.
- ist in der Lage, Inhalte aus den letzten Unterrichtsstunden zu wiederholen.
- ergänzt angemessen fehlerhafte Beiträge.
- trennt Wichtiges von Unwichtigem bei einer Darstellung oder Beschreibung.

Übertragungsfähigkeit: Die Schülerin/der Schüler …

- bearbeitet Probleme und Aufgaben entsprechend den Vorgaben.
- denkt voraus und löst sich von eingeübten Schemata.
- überträgt bekannte Verfahren und Gelerntes auf ähnliche Aufgabenstellungen.
- findet Anwendungsbeispiele zu Regeln und Gesetzen.
- nutzt außerschulische Erfahrungen zur Lösung von Problemstellungen.
- löst neue und strukturähnliche Probleme und Aufgabenstellungen.
- überträgt Gelerntes auf neue Sachverhalte und Situationen.
- ist in der Lage, neue Perspektiven für Bekanntes zu entwickeln.
- verwendet unterschiedliche Darstellungsformen und -mittel.

Name: Klasse: Datum:

Schüler-Beobachtungsbogen: Beobachtungshilfen – Formulierungshilfen 2

Beurteilungskompetenz: Die Schülerin/der Schüler …
- beurteilt eigene und fremde Leistungen angemessen und kritisch.
- kann folgerichtig urteilen und handeln.
- hinterfragt Lösungsvorschläge, Vorgehensweisen, Anforderungen und Arbeitsanweisungen.
- begründet eigene Meinungen und Ansichten einsichtig und lässt sich fremde begründen.
- erkennt Widersprüchlichkeiten in Auffassungen und Äußerungen.
- hinterfragt Probleme nach deren Ursachen.
- überlegt die Konsequenzen vor einer Handlung.
- wägt Vor- und Nachteile gegeneinander ab.
- stellt kritische Fragen.

2. Arbeitsverhalten

Arbeitsorganisation: Die Schülerin/der Schüler …
- arbeitet zielgerichtet, zuverlässig und präzise.
- bereitet den Arbeitsplatz so vor, dass alle benötigten Arbeitsmaterialien vorbereitet und vorhanden sind.
- organisiert und plant die Arbeit sinnvoll und zweckmäßig.
- ist in der Lage, die Zeit für die Erledigung einer Aufgabe richtig einzuteilen.
- stellt eine Rangfolge der zu lösenden Probleme auf.
- unterteilt die Aufgaben in sinnvolle Teilaufgaben und Zeitabschnitte.
- vergleicht Zeitaufwand und Resultat und zieht Rückschlüsse.
- hält die vereinbarten Zeiten zur Erledigung einer Arbeit ein.

Konzentration: Die Schülerin/der Schüler …
- arbeitet konzentriert und ausdauernd über längere Zeit.
- lässt sich nicht ablenken.
- beschäftigt sich intensiv und längere Zeit mit einem Thema.
- beendet jede angefangene Arbeit.
- vertieft sich in die Arbeit und die Problemstellung.
- bemüht sich um gleichbleibende Qualität der Ergebnisse.
- arbeitet nicht oberflächlich oder flüchtig.

Selbstständigkeit: Die Schülerin/der Schüler …
- arbeitet selbstständig und ohne ständige Kontrolle.
- schätzt sein/ihr Leistungsvermögen richtig ein.
- plant die Lösung von Aufgaben und Problemen vor der Bearbeitung.
- nimmt neue Lerninhalte auf, hinterfragt und verarbeitet sie sicher.
- ist in der Lage zu improvisieren.
- weiß sich im Regelfall bei Problemen selber zu helfen.
- beschafft und organisiert selbstständig weiterführende Informationen und Materialien.
- tritt selbstsicher, bestimmt und zielorientiert auf.

Name: Klasse: Datum:

Schüler-Beobachtungsbogen: Beobachtungshilfen – Formulierungshilfen 3

Engagement: Die Schülerin/der Schüler …
- zeigt Interesse am Unterricht und an den Lerninhalten.
- bemüht sich um Mitarbeit und bringt Ideen, Vorschläge und Anregungen ein.
- bereichert den Unterricht durch außerhalb der Schule gewonnene Erfahrungen.
- strengt sich an und lässt sich nicht entmutigen.
- übernimmt freiwillig Aufgaben, auch ungewöhnliche oder solche mit höherem Schwierigkeitsgrad.
- bemüht sich um fehlerfreies Arbeiten, lernt aber auch aus Fehlern.
- ist bestrebt, ihr/sein Wissen und Können zu erweitern.
- informiert sich durch zusätzliche Materialien und Medien.
- ist neugierig und hat Spaß und Freude an der Arbeit.

3. Sozialverhalten

Teamfähigkeit: Die Schülerin/der Schüler …
- arbeitet gerne mit anderen Lernenden zusammen.
- bemüht sich um Gerechtigkeit, die Einhaltung der vereinbarten Regeln und die Arbeitsverteilung in der Gruppe.
- akzeptiert mehrheitlich entschiedene Beschlüsse.
- sorgt für ein angenehmes Arbeitsklima.
- ist kompromissbereit und übernimmt auch eher unangenehme Aufgaben.
- stellt das Gruppenziel vor persönliche Interessen und Ziele.
- beteiligt sich an gemeinsamen Planungen und Lösungen aktiv.
- wertschätzt die Beiträge der Teampartner/innen.
- hört anderen zu, geht auf sie ein und schätzt sie.
- leiht Materialien aus und bemüht sich um Unterstützung.

Hilfsbereitschaft: Die Schülerin/der Schüler …
- hilft anderen und respektiert sie.
- wird von den Mitschülerinnen und Mitschülern sehr geschätzt.
- unterstützt schwächere Schülerinnen und Schüler und setzt sich für sie ein.
- verzichtet auf eigene Vorteile zugunsten anderer.
- übernimmt freiwillig auch unangenehme Aufgaben.
- ist ein wichtiges Mitglied der Klassengemeinschaft.
- handelt rücksichtsvoll, fair und gerecht.
- übernimmt Verantwortung für sich selbst und andere.

Soziale Sensibilität: Die Schülerin/der Schüler …
- erkennt die Gefühle und Bedürfnisse anderer und geht darauf ein.
- zeigt Freude, Ängste, Betroffenheit, Mitgefühl und Verständnis.
- kümmert sich um Migranten, Kranke und Behinderte.
- zeigt Einfühlungsvermögen, Toleranz und Anteilnahme.
- ist in der Lage, sich in andere hineinzuversetzen.
- schätzt sich und ihre/seine Rolle innerhalb der Klassengemeinschaft richtig ein.

Name: Klasse: Datum:

Schüler-Beobachtungsbogen: Beobachtungshilfen – Formulierungshilfen 4

Konfliktfähigkeit: Die Schülerin/der Schüler ...

- bemüht sich um Vermittlung bei Konflikten und Streitereien.
- schlichtet Streit und Auseinandersetzungen mit fairen Mitteln.
- wehrt sich angemessen gegen verbale und körperliche Angriffe.
- akzeptiert die Standpunkte und Meinungen anderer.
- versucht, die Ursachen eines Konflikts zu hinterfragen und offenzulegen.
- bietet sich als Streitschlichter an, um Konflikte zu lösen.
- ist nicht unsachlich, hinterhältig oder nachtragend.
- ist in der Lage, eigenes Verhalten sachlich zu vertreten, zu begründen und zu verteidigen.
- äußert Kritik offen, positiv aufbauend und mit konstruktiven Vorschlägen.
- lässt sich kritisieren, erträgt dieses und bemüht sich um Verhaltensänderung.

Selbstsicherheit: Die Schülerin/der Schüler ...

- ist in der Lage, ihre/seine Arbeitsergebnisse richtig einzuschätzen.
- erbringt und zeigt Leistungen sowohl im Unterricht als auch in Leistungsüberprüfungen.
- äußert sich sicher und treffend zu den geforderten Aufgaben.
- sagt, was er/sie denkt, und steht zu ihrer/seiner Meinung.
- überspielt ihre/seine Schwächen nicht, sondern steht zu ihnen und geht konstruktiv damit um.
- tritt sicher, ruhig, freundlich und gefasst auf.
- wird in der Klassengemeinschaft akzeptiert und umgekehrt.
- lässt sich durch kritische Äußerungen nicht unmittelbar verunsichern.
- spricht mit der Lehrperson, wenn sie/er sich ungerecht behandelt fühlt.
- verfügt über psychomotorisches Geschick.
- entwickelt handwerkliche, praktische Fähigkeiten.
- ist ein emanzipiertes Mitglied unserer Klasse.

Name: Klasse: Datum:

Bewertungsbogen: mündliche Beteiligung am Unterricht

Lern- und Leistungsbereich	Bewertungs-faktor	Funkte
Fachliches Lernen		
Die Beiträge sind durchweg fachlich richtig.	2	
Die/der Lernende lässt sich nicht so leicht vom Ziel ablenken.	1	
Fachspezifische Arbeitsmittel wie Wörterbücher, Duden, Formeltafel werden genutzt.	1	
Schon vorhandene (Teil-)Lösungen werden einbezogen und genutzt.	1	
Die/der Lernende kann wesentliche Aufgaben von unwesentlichen unterscheiden.	2	
Die/der Lernende erkennt Zusammenhänge zu anderen Themen und Fächern.	3	
Neue und eigene Ideen werden sinnvoll eingebracht.	1	
Die erzielten Lernergebnisse werden angemessen formuliert.	2	
Die/der Lernende kann die eigenen Lernergebnisse in den Unterrichtsverlauf einbringen.	1	
Methodisches Lernen		
Die/der Lernende kann selbstständig eine Zeitplanung aufstellen und diese einhalten.	2	
Die/der Lernende kann Teil- und Zwischenziele angeben und kontrolliert regelmäßig, ob diese eingehalten werden.	1	
Material für den Unterricht und zur weiteren Information wird selbstständig beschafft.	1	
Das Material wird selbstständig geordnet, sortiert und strukturiert.	1	
Die altersangemessenen Arbeitsmethoden des Faches werden sicher beherrscht.	3	
Die/der Lernende verfügt über die Fähigkeit, die Arbeitsergebnisse genau zu formulieren.	2	
Von der eigenen Meinung abweichende Ansichten der Mitschüler/innen werden akzeptiert und in ihrer Bedeutung verstanden.	1	
Die eigene Meinung und die anderer werden sachlich bewertet.	1	
Soziales Lernen in der Gemeinschaft		
Die/der Lernende kann (Umgangs-, Gesprächs-, Arbeits-)Regeln aufstellen.	1	
Die/der Lernende achtet darauf, dass die vereinbarten Regeln eingehalten werden.	1	
Die eigene Meinung wird sachlich mit Argumenten vertreten, ohne persönlich oder beleidigend zu werden.	2	
Auf Kritik wird ruhig und sachlich reagiert, ohne andere zu kränken.	2	
Die/der Lernende ist fähig, die soziale Situation der Lerngruppe zu reflektieren.	1	
Die/der Lernende zeigt die Bereitschaft zur Übernahme von Arbeit.	1	
Die/der Lernende zeigt die Bereitschaft zur Übernahme von Verantwortung.	1	

Name: Klasse: Datum:

Bewertung Mappenführung

zum Thema: ______________________________

Bewertungsaspekt	Punkte 0	1	2	3
Äußere Form				
Die Mappe ist vollständig.				
Sie enthält ein Inhaltsverzeichnis, die Seiten sind nummeriert und mit dem jeweiligen Datum versehen.				
Die Arbeitsblätter und Anlagen sind in der richtigen Reihenfolge eingeheftet.				
Das Inhaltsverzeichnis stimmt mit der Reihenfolge der Textabschnitte und Bilder überein.				
Die Mappe enthält zusätzliche Materialien.				
Die Gestaltung ist interessant und optisch ansprechend.				
Durch den Wechsel von Text, Bildern, Tabellen und Grafiken ist der Inhalt interessant dargestellt.				
Das Titelblatt macht neugierig auf den Inhalt.				
Es gibt ein Verzeichnis der benutzten Materialien.				
Die benutzte Literatur ist vollständig angegeben.				
Inhaltliche Ausarbeitung				
Die Texte sind fehlerfrei geschrieben.				
Die Sprache ist angemessen und verständlich.				
Die Fachsprache ist richtig verwendet worden.				
Unbekannte Begriffe oder Verfahrensweisen werden erklärt.				
Die Auswahl des Themas wird begründet und hinterfragt.				
Das Thema wird unter verschiedenen Aspekten betrachtet und bearbeitet.				
Am Schluss findet eine kritische Auswertung statt.				
Eigenständigkeit der Arbeit				
Die Texte sind erkennbar selber verfasst.				
Sowohl die sprachliche Formulierung als auch die inhaltliche Durchdringung des Themas lassen die Selbstständigkeit der Arbeit erkennen.				
Zitate sind entsprechend den Vorgaben kenntlich gemacht worden.				
Alle zitierten Quellenangaben finden sich im Literaturverzeichnis wieder.				
Alle Internetrecherchen sind gemäß den verabredeten Regeln gekennzeichnet.				

Gesamtergebnis	

Verzeichnis der Kopiervorlagen

A

Auswertung eines nichtlinearen Textes (Tabelle/Diagramm) 133

B

Beurteilungskriterien und Bewertungsraster für Referate, Protokolle und Fach- und Jahresarbeiten 73
Bewertung Mappenführung 149
Bewertungsbogen für Teamarbeit 141 f.
Bewertungsbogen zur Gruppenarbeit (Notenpool) 140
Bewertungsbogen: Erörterung 134
Bewertungsbogen: mündliche Beteiligung am Unterricht 148

C

Checkliste zur mündlichen Beteiligung (Selbstkontrolle) 82

I

Inhaltliche Korrekturzeichen 67

K

Kriterienkatalog für Praktikumsbericht 75

S

Schüler-Beobachtungsbogen: Beobachtungshilfen – Formulierungshilfen 144 ff.
Schüler-Beobachtungsbogen: Lern-, Arbeits- und Sozialverhalten 143
Selbstbeobachtung: Lern-, Arbeits- und Sozialverhalten 138 f.
Selbstbeurteilung: Bruchrechnung/Flächenberechnung 136 f.
Selbstbewertungsscheibe: Lern- und Sozialverhalten 135

Verzeichnis der Beispiele und Übersichten

A

Abschlussbericht zur Projektarbeit 112
Ansprüche an Haushefte und Unterrichtsbegleitmappen 83
Arbeitsprozessbericht zum Thema „Arbeitslosigkeit“ 113

B

Beispiel Kompetenzraster „Weltkunde“ 96
Beispiel Rückmeldungen Aufsatzunterricht 89
Beispiel Zeugnis mit Kompetenzen 37
Beschreibung der mündlichen Mitarbeit 78
Beurteilung mündlicher Äußerungen 79 ff.
Bewertungsbogen Präsentation 114
Bewertungsmatrix für mündliche Leistung 34

C

Checkliste zur Nacherzählung 69

F

Formale Korrekturzeichen 64
Fragen zu „Homo faber“ 70

G

Gruppenauftrag zum Thema „Europa“ 122

K

Kompetenzraster aus einem Lernentwicklungsbericht für Mathematik 95
Korrekturbogen zur Nacherzählung 69 f.

L

Leistungspuzzle mit Einzelleistungen 61
Lernentwicklungsbericht IGS Lengede 100 ff.

N

Notenpool-Verfahren 117 f.

R

Raster zur Differenzierung der mündlichen Leistungen 77
Reflexion „Warum wir den Zeitplan nicht eingehalten haben“ 108 f.
Reflexion zum Verlauf der Klausur 111
Rückmeldung zur Rückmeldung 90

V

Vier Dimensionen des Lern- und Leistungsbegriffs 49 f.

W

Wichtigste Beobachtungs- und Bewertungskriterien 59 f.

Z

Zeugnis aus einer 6. Klasse für Mathematik 125 f.

Literatur

ALFS, NEELE (2012): Ethisches Bewerten fördern. Hamburg

ALBERS, ANDREA (Hg.) (2021): Kompetenzorientiertes Feedback. Weinheim/Basel

ALLMENDINGER, JUTTA (2012): Schulaufgaben. München

ARNDT, ANN-KATHRIN / WERNING, ROLF (2015): Inklusion als Anlass zur schulweiten Unterrichtsentwicklung. In: ROLFF, HANS GÜNTER (Hrsg.): Handbuch Unterrichtsentwicklung. Weinheim/Basel, 511 ff.

BEUTEL, SILVIA-IRIS (2014): Individuelle Lernbegleitung und Leistungsbeurteilung. Schwalbach

BEUTEL, SILVIA-IRIS / PANT, HANS ANAND (2020): Lernen ohne Noten: alternative Konzepte der Leistungsbeurteilung. Stuttgart

BECKER, HELMUT / VON DER GROEBEN, ANNEMARIE / LENZEN, KLAUS-DIETER / WINTER, FELIX (Hrsg.) (2002): Leistung sehen, fördern, werten. Bad Heilbrunn

BEHNKEN, IMKE / FÖLLING-ALBERS, MARIA / TILLMANN, KLAUS-JÜRGEN / WISCHER, BEATE (2001): Leistung. Friedrich Jahresheft XVII. Seelze

BIGGS, JOHN B. / COLLIS, KEVIN F. (1982): Evaluating the quality of learning. New York

BOHL, THORSTEN (2010): Handbuch Schulentwicklung. Bad Heilbrunn

BOVET, GISLINDE / HUWENDIEK, VOLKER (2020): Leitfaden Schulpraxis: Pädagogik und Psychologie für den Lehrberuf. 12. Auflage. Berlin

BREIDENSTEIN, GEORG (2012): Zeugnisnotenbesprechung: Zur Analyse der Praxis schulischer Leistungsbewertung. Leverkusen

BRÜGELMANN, HANS u. a. (2014): Sind Noten nützlich und nötig? Zifferzensuren und ihre Alternativen im empirischen Vergleich. Eine wissenschaftliche Expertise des Grundschulverbandes, erstellt von der Arbeitsgruppe Primarstufe an der Universität Siegen. Grundschulverband e. V. Frankfurt/M.

BRÜGELMANN, HANS u. a. (2021): Bildung gegen Spaltung – Eine Streitschrift, Frankfurt/M.

BRÄUER, GERD / KELLER, MARTIN / WINTER, FELIX (2012): Portfolio macht Schule. Seelze

BRUMSACK, ELFRIEDE (2014): Ergebnissicherung in heterogenen Lerngruppen. Berlin

BRACKHAHN, BERNHARD / BROCKMEYER, RAINER / BUSCHMANN, RENATE / MIKA, CHRISTIANE (2004): Lernen – leisten – bewerten & Anschlüsse – Über-

gänge. Qualitätsverbesserung in Schulen und Schulsystemen. QuiSS, Band 4. München
FRIEDRICH JAHRESHEFT (2014): Fördern. Seelze
FRIEDRICH JAHRESHEFT (2020): Schule digital. Seelze
FRISCH, MAX (1957): Homo Faber. Frankfurt/M.
GRUNDER, HANS-ULRICH / BOHL, THORSTEN (Hrsg.) (2001): Neue Formen der Leistungsbeurteilung in den Sekundarstufen I und II. Hohengehren
HATTIE, JOHN / ZIERER, KLAUS (2020): Visible Learning: Unterrichtsplanung. Baltmannsweiler
HELMKE, ANDREAS (2003/2012): Unterrichtsqualität: Erfassen, Bewerten, Verbessern. Seelze
HELMKE, ANDREAS (2009/2012): Unterrichtsqualität und Lehrerprofessionalität. Seelze
HINZ, ANDREAS / BOBAN, INES (2003): Index für Inklusion. Halle
KATZENBACH, DIETER (2016):): Inklusion, psychoanalytische Pädagogik und der Differenzdiskurs. In: GÖPPEL, R. /RAUH, B.: Inklusion – Idealistische Forderung, individuelle Förderung, institutionelle Herausforderung. Stuttgart
KELLER, STEFAN (2011): Beurteilungsraster und Kompetenzmodelle. In: SACHER, WERNER /WINTER, FELIX: Diagnose und Beurteilung von Schülerleistungen, Baltmannsweiler
KLAFKI, WOLFGANG (1958): Didaktische Analyse als Kern der Unterrichtsvorbereitung. In: Die Deutsche Schule, Jg. 10/1958
KRIEGER, CLAUS GEORG (2005): Wege zu Offenen Arbeitsformen. Konzepte zur Selbststeuerung des Lernens – Leistungsbeurteilung. Hohengehren
KUNZE, INGRID / SOLZBACHER, CLAUDIA (Hrsg.) (2016): Individuelle Förderung in der Sekundarstufe I und II. Hohengehren
LEUFER, NICOLA / PREDIGER, SUSANNE (2007): Aufgaben vielfältig gestalten. Handreichungen zu den Bremer Parallelarbeiten in Klasse 6. Bremen
LISUM (Landesinstitut für Schule und Medien Brandenburg) (2005): Professioneller Umgang mit Leistungen in der Schule
LIEDKE-SCHÖBEL, MARGRIT / PARADIES, LIANE / WESTER, FRANZ (2013): Erfolgreiche Lernberatung. Berlin
MEYER, HILBERT (2015): Unterrichtsentwicklung. Berlin
MINISTERIUM FÜR BILDUNG UND KULTUR: Erlass zur Leistungsbewertung in den Schulen des Saarlandes, Konsolidierte Fassung vom 8.3.2017
PETERSEN, R. / PETERSEN, I. / PALLASCH, W. (2009): Professionelle Gesprächsführung im Lerncoaching. In: Lernende Schule Heft 45, 12. Jg./2009, 16

PRENGEL, ANNEDORE (2013): Humane entwicklungs- und leistungsförderliche Strukturen im inklusiven Unterricht. In: MOSER, VERA (Hrsg): Die inklusive Schule. Stuttgart, 177 ff.

REICH, KERSTEN (2014): Inklusive Didaktik. Weinheim/Basel

ROLFF, HANS-GÜNTER (2015): Handbuch der Unterrichtsentwicklung, Weinheim/Basel

SACHER, WERNER / WINTER, FELIX (2011): Diagnose und Beurteilungen von Schülerleistungen – Grundlagen und Reformansätze. Hohengehren

SCHUMANN, BRIGITTE (2009): Inklusion: eine Verpflichtung zum Systemwechsel. Deutsche Schulverhältnisse auf dem Prüfstand des Völkerrechts. Zeitschrift für Inklusion, 3 (1)

SLIWKA, ANNE / KLOPSCH, BRITTA (2020): Flexible Grouping, Deeper Learning & Universal Design for Learning. Pädagogische Ansätze zur Begabungsförderung. In: Fischer, Christian u.a. (Hg.) (2020): Begabungsförderung: Individuelle Förderung und Inklusive Bildung, Band 10. Münster

STERN, ELSBETH (2004): Schubladendenken, Intelligenz und Lerntypen. In: Heterogenität. Friedrich Jahresheft. Seelze

STOLPMANN, EVA /GIRSCHICK, MARIA (2022): Stiftung Bildungspakt Bayern. München

TWAIN, MARK (2018): Die Abenteuer des Tom Sawyer. Hamburg

VIERLNGER, RUPERT (1999): Leistung spricht für sich selbst: „Direkte Leistungsvorlage" (Portfolios) statt Ziffernzensuren und Notenfetischismus. Heinsberg

WEINERT, FRANZ E. (2001): Leistungsmessung in Schulen. Weinheim

WEISS, RUDOLF (1971): Aufgaben der Zensuren und Zeugnisse. In: INGENKAMP, KARLHEINZ (Hrsg.): Die Fragwürdigkeit der Zensurengebung. Weinheim

WENGERT, HANS GERT (1989): Untersuchungen zur alltäglichen Unterrichtsplanung von Mathematiklehrern. Frankfurt/M.

WINTER, FELIX (2008): Auf dem Weg zu persönlich bedeutsamen Leistungen: Portfolioarbeit. In: Praxis Schule 5–10, Jg. 19/Heft 5

WINTER, FELIX (2011): Aufgaben und Perspektiven einer reformierten Leistungsbeurteilung. In: Sacher, W.: Winter, F. (Hrsg.): Diagnose und Beurteilung von Schülerleistungen. Professionswissen für Lehrerinnen und Lehrer Bd. 4. Baltmannsweiler: Schneider, S. 197–216.

WINTER, FELIX (2015): Lerndialog statt Noten. Neue Formen der Leistungsbeurteilung. Weinheim/Basel

WINTER, FELIX (2022): Leistungsbewertung: Eine neue Lernkultur braucht einen anderen Umgang mit den Schülerleistungen. Baltmannsweiler

ZIMMERMANN VON, NINA / WACHTEL, PETER (2013): Nachteilsausgleich aus pädagogischer Perspektive. Niedersächsisches Kultusministerium, SVBl 11/2013

Register

A

Akzeptanz von Heterogenität 5
altersangemessene Zurichtung 74
analytische Kategorien 50
Anforderungsbereich 63, 65–67, 91
Anforderungsniveau 21
Arbeitshaltung 35, 113
Arbeitsjournal 106, 110, 122 f.
Arbeitslosigkeit 113
Arbeitsmaterialien 57, 66, 93
Arbeitsorganisation 37, 57, 60, 140, 143, 145
Arbeitsprozessbericht 106, 112 f., 121
Arbeitsprozesse dokumentieren 106, 109 ff.
Arbeitszeit 75
Auffassungsfähigkeit 57
Aufgabenkonstruktion 21
Aufgabenprofile 65, 77
Auftreten 47
Ausdauer 57, 118, 145
Ausdrucksvermögen 56, 59, 78, 143, 144

B

Basiskompetenzen 93, 98
Basisqualifikationen 56, 88
Beobachtungsverzerrung 47
Berichtfunktion 41
Beurteilungs- und Rückmeldeformen 11
Beurteilungsfähigkeit (der Lernenden) 56 f.
Beurteilungskriterien 20, 52, 55, 73
Bewertungsbogen 25, 33, 78, 80, 114 f., 134, 140–142, 148
Bewertungsmatrix 34
Bewertungsmodalitäten 49
Binnendifferenzierung 116
Binnengewichtung 52

C

Chancengerechtigkeit 20
Checkliste 25, 69, 82, 93

D

darstellendes Spiel 85
Defizitorientierung 55
Deutsch 36, 68, 69, 85
Diagnostik 6 f., 16, 18
dialogischer Prozess 53
direkter Blick auf Leistungen 10 f., 13, 39, 109
Dokumentation der Daten 64, 89
Durchschnittswerte 78

E

effektive Kommunikation 81
Einzelleistung 9, 13, 32, 61, 116, 121
Eltern 7, 11, 19, 22, 41, 43, 46, 54, 96
Empathie 58
E-Portfolio 97
Erarbeitung von Kriterien 106
Erlass 14, 32 f., 35, 41, 61
Erwachsenenreaktion 88
Erwartungshorizont 52
Europäisches Sprachenportfolio 109

Evaluationsverfahren 49
Experiment 52, 61, 83–85, 126
Expertengruppenarbeit 120

F
Facharbeit 71 f., 74
fachspezifische Leistungen 62
Fallstudien 119
Fantasie 86
Feedback 16, 20, 50, 89, 91, 127 ff.
Fehleranalyse 64, 88
Fehlerquellen bei der Bewertung 46–48
Fehlertypen 64
Fehlleistungen 55, 64
Fleiß 35, 83, 90
Flexibilität im Unterricht 53, 80
Förderungsfunktion 41
fragend-entwickelndes Unterrichtsgespräch 68
Fremdbewertung 8, 10, 106 ff.

G
Gaußsche Normalverteilungskurve 34, 46
Gegenstand des Unterrichts 53
Gesamtkonferenzbeschluss 54
Gesamtleistung der Gruppe 121
Geschlecht (Einfluss von) 47
gesellschaftliches Wertesystem 38
Gespräche führen 11, 19, 21, 78, 80, 90, 91, 96, 108, 116
Gewichtung der Leistungen 56, 62, 74, 104 f., 111
Globalskala 69
Gruppenarbeit 58, 60, 108, 113, 116 f., 119 f., 131, 140
Gruppenleistung 32, 45, 58, 117
Gruppenprodukt 117
Gruppenpuzzle 119–121

H
Halo-Effekt 47 f.
haptischer Lerntyp 84
Hausaufgaben 57, 71, 82, 90, 93
Heftführung 47, 128
Heterogenität der Lerngruppen 5, 8, 16
Hilfsbereitschaft 39, 58, 60, 143, 146
Homo faber 70 f.
hypothesengeleitete Tätigkeit 84

I
individualisierender Unterricht 9, 13
Individualnorm 5, 6, 44, 46, 98, 116
individuelle Lern- und Entwicklungsmöglichkeit 5, 40
induktive Methode 83
Informationsfunktion 39
instrumentelle Funktion 108
Interaktion 48, 49
Interesse und Engagement 44, 58, 146
Integrationsfähigkeit (des Schülers) 58
Intersubjektivität 10, 48, 52, 119

J
Journal siehe Arbeitsjournal

K
Klärung eines Sachverhaltes 77
kommunikative Validierung 11, 36, 54 f., 89, 91

komparative Leistungsbewertung 46
Kompetenzmodell 9
Kompetenzraster 8, 13, 92–96, 104 f., 114
Kompetenzstufen 10, 18, 90, 92, 93
Konfliktfähigkeit 37, 58 f., 60, 143, 147
Kontaktfähigkeit 58
Kontrollfunktion 42 f.
Konzentration 37, 49, 57, 60, 76, 135, 143, 145
Kooperationsfähigkeit (der Lernenden) 120, 135
körpersprachliche Mittel 86
Korrekturbogen 67–70, 74
Korrekturzeichen 64, 67
Kriterienkatalog 65, 70 ff., 75
Kritikfähigkeit 49, 59, 135

L

Legitimationsfunktion 39
Lehr-/Lernarrangement 11
Lehrerrolle 11
Leistung
- als gesellschaftliches Phänomen 38–40
- als pädagogisches Phänomen 40–42
- als psychologisches Phänomen 41
Leistungsanforderungen 33, 38
Leistungsbegriff 18, 38 ff.
Leistungsstufen 33–36
Leistungstest in Einzelarbeit 121
Lernberatung 11, 41, 107
Lernbericht 45, 107
Lernbüro 93, 98, 127
Lerncoaching 11
Lerndiagnose 41
Lernentwicklungsbericht 21, 35 f., 44, 94 f., 98–103
Lernentwicklungsgespräch 11, 14, 93
Lernfelder 45
Lernjournal siehe Arbeitsjournal
Lerntagebuch 44, 61, 62, 110
Lernvertrag 11
Lernziele 45, 52
Logbuch 8, 93, 106, 110
logischer Fehler 47 f.

M

Mathematik 39, 48, 68, 95, 125, 131, 136 f.
Metakommunikation 91
Metaphasen 54
Mildefehler 48
Monitoring 8, 42
Motivationsfunktion 41
mündliche Leistung 33–37
Musteraufgaben 109
Musterlösungen 52

N

Nachdenken über die eigene Leistung 106, 108, 109
Nacherzählung 68–70
Nachteilsausgleich 20–22
Normalerwartung 35
Normalverteilung 34, 35, 46
normative Grundlage 44
Notengebung 45, 46, 54
Notenpool-Verfahren 117 f.
Notenstufendefinition 45
Notensystem 33
Notenzeugnis 35, 36, 98

O
objektivierte Kriterien 40
offene Aufgaben 52, 70 f.
Operationalisierung 33, 80
Ordnung 35, 37, 49, 65, 76, 80, 83
Orientierungsrahmen 6

P
Partnerarbeit 58, 60
persönlicher Lernstand 44, 93
PISA 45
Portfolio 6, 10, 32, 44, 61, 92, 94–98, 106, 110
Positionsfehler 48
Praktikumsbericht 72–74
Präsentation 6, 20, 22, 61, 63, 74, 104 f., 114, 122 f., 128
Prognosefunktion 44
Projektvereinbarung 122
Protokolle 61, 63, 71, 73, 110
Prozessorientierung 13, 32
psychomotorisches Geschick 57, 147
Pünktlichkeit 35

Q
Qualifikationsfunktion 38, 41
quantifizierbarer Faktor 55

R
Randkommentare 67
realistisches Selbstbild 39, 92
Referate 32, 49, 61, 63, 71, 73, 74
Referenzgruppen 45
Referenzrahmen 8, 13, 92, 109
Reflexionsphasen 54 f.
Reformpädagogik 40
regelgeleitete Tätigkeit 84, 140
Reihenfolgeneffekte 48
Reliabilität 10, 52
Reproduktion von Wissen 5
Rollenspiele 85
Routinen 49
Rückmeldungen standardisieren 89

S
Sachbezug 90, 121
Sachnorm 6, 45, 98, 116
Sanktionen 63
Schema F 72
Schlüsselkompetenzen 58
Schnelligkeit 53
(schriftliche) Befragungen 47, 72, 111
Schulentwicklungsprogramm 54
Schulrecht 45
Sekundärtugenden 39
Selbstbehauptung 59
Selbstbewertung (durch die Gruppe) 106–109, 111, 113, 118 f.
Selbsteinschätzung 13, 38 f., 50, 64, 90, 97, 104, 109, 116, 124, 141 f.
Selbstevaluation 49
Selbstkritik 108
Selbstsicherheit 37, 60, 143, 147
Selbstständigkeit 37, 44, 57, 60, 85, 94, 135, 143, 145, 149
Selektionsfunktion 38 f., 41, 43
Sicherheit 57, 59, 71, 94
sonstige Leistungen 61, 71 ff.
Sozialchancen 38, 54
soziale Sensibilität 58, 60, 143, 146
Sozialisierungsfunktion 39

sozialkommunikatives Lernen 49, 81
Sozialnorm 6, 45 f., 98, 116
Sozialverhalten 35, 58–60, 81, 98, 135, 138 f., 143, 146
Sprachverhalten 47
Stammgruppenarbeit 120
Standards 18, 21, 46, 53, 92, 98
Standbilder 85 f.
Stoffgebiet (überschaubares) 63
Strengefehler 48
subjektbezogene Leistung 40
subjektive (Persönlichkeits-) theorien 47
Subskalen 69
Sympathie (Einfluss von) 47
Szenische Interpretationen 85, 86

T

Tagebuch 110 f.
Teamarbeit 13, 86, 87, 116 ff., 141 f.
Teilbereiche der mündlichen Leistungen 33–37, 74, 80, 81
Tendenz zu Extremurteilen 48
Tendenz zur Mitte 48
Themenzentrierte Interaktion (TZI) 116 f.
Theorieanteile 119
Transferfähigkeit 56, 77, 91
Tutoren 93

U

Überraschungsmoment 84
(unmittelbare) Erfolgskontrolle 84
Untergrenze 35
Unterrichtsbegleitmappen 83

V

valide Basis 35
Validität 53
Verarbeitungsprozess (interner) 91
verbale Bewertungen 35, 36
verbalisierte Leistungsrückmeldung 61, 94
Vergleichsarbeit 69
Vergleichsgruppe 46
Verhaltensänderungen 36, 147
Verknüpfung von Gruppenarbeitsphasen und schriftlicher Arbeit 119
Vermittlungsqualität 121
Verteilung der Lebenschancen 39
Voreinstellungen 46
Vorstrukturierung der Bewertung 72

W

Wahrnehmung (der Lehrperson) 15, 20, 46, 47, 55, 64, 81, 88
Wahrnehmungsfähigkeit (der Lernenden) 56, 59, 143, 144
Wiedergabefähigkeit (der Lernenden) 56, 59, 143, 144
Wissensfrage 77
Wochenplan 93, 106, 109 f.

Z

Zeitplan 81, 108 f., 148
Zielvereinbarung 11, 19
Ziffernote 36, 45, 61, 91
Zusatzinformationen 47
Zusatzleistungen 63
Zwischenschritte 88

Ratgeber und Praxishilfen

Kreative Impulse und konkrete Unterstützung

- **Ratgeber** zu allen aktuellen Themen rund um Ihren Unterrichts- und Schulalltag
- **Fachliteratur** zur Methodik und Didaktik – für angehende sowie für erfahrene Lehrkräfte
- **Methodenbücher**, (Lern-)Spiele und Rätselsammlungen – auch fachübergreifend
- **Kopiervorlagen** zu allen gängigen Lehrplanthemen, Kompetenzbereichen und für Vertretungsstunden

Online mehr erfahren:
crnl.sn/unterrichtshilfen